Bastian Fleermann | Peter Henkel | Frank Sparing

Das Düsseldorfer Stadthaus

Jesuitenkloster, Polizeipräsidium, Gedenkstätte und Hotel De Medici an der Mühlenstraße

Kleine Reihe der Mahn- und Gedenkstätte Düsseldorf

Band 4 herausgegeben vom Förderkreis der Mahn- und Gedenkstätte e.V. und den Derag Livinghotels

Droste Verlag

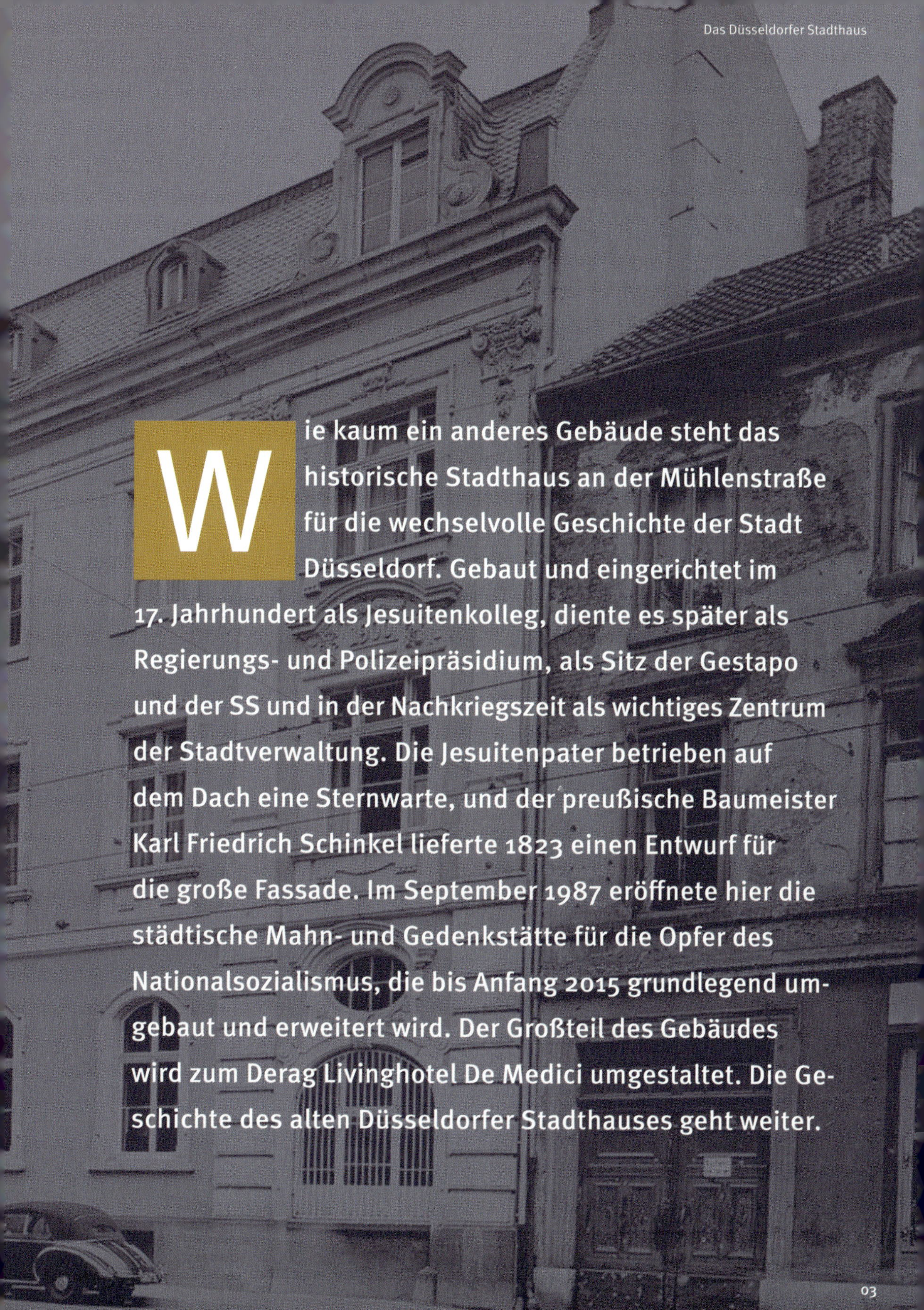

Wie kaum ein anderes Gebäude steht das historische Stadthaus an der Mühlenstraße für die wechselvolle Geschichte der Stadt Düsseldorf. Gebaut und eingerichtet im 17. Jahrhundert als Jesuitenkolleg, diente es später als Regierungs- und Polizeipräsidium, als Sitz der Gestapo und der SS und in der Nachkriegszeit als wichtiges Zentrum der Stadtverwaltung. Die Jesuitenpater betrieben auf dem Dach eine Sternwarte, und der preußische Baumeister Karl Friedrich Schinkel lieferte 1823 einen Entwurf für die große Fassade. Im September 1987 eröffnete hier die städtische Mahn- und Gedenkstätte für die Opfer des Nationalsozialismus, die bis Anfang 2015 grundlegend umgebaut und erweitert wird. Der Großteil des Gebäudes wird zum Derag Livinghotel De Medici umgestaltet. Die Geschichte des alten Düsseldorfer Stadthauses geht weiter.

1

1 St. Andreas und das ehemalige Klostergebäude, 1830.

Die Anfänge: Das Düsseldorfer Jesuitenkolleg

„Wir, von Gottes Gnaden Wolfgang Wilhelm, Pfalzgraf bei Rhein, Herzog zu Jülich und Berg etc. pp., übergeben den Jesuiten das Haus mit dem anliegenden Garten und den anstoßenden Räumlichkeiten, welche wir von der Witwe des Johannes von Ossenbroich, Elisabeth von Virmundt, gekauft haben." Mit diesen Worten beginnt die Geschichte des Gebäudekomplexes, der später als Jesuitenkolleg oder Stadthaus Stadtgeschichte schreiben sollte. Der bergische Herzog Wolfgang Wilhelm schenkte am 14. August 1621 jenes erwähnte Grundstück an der Mühlenstraße, um dort ein Kloster errichten und eine Schule betreiben zu lassen. Die Jesuiten dauerhaft nach Düsseldorf zu holen, hatte für Wolfgang Wilhelm zwei Gründe, die eng miteinander verbunden waren: die Gegenreformation und der beklagenswerte Zustand des Düsseldorfer Gymnasiums. Wolfgang Wilhelm, der selbst protestantisch erzogen worden war, trat 1613 zum Katholizismus über und heiratete die katholische Magdalene von Bayern. Nach seiner Konversion verfolgte er in seinen Landen eine strikte antiprotestantische Politik. Es war die Zeit der Gegenreformation, in der die verschiedenen katholischen Kräfte versuchten, den sich verbreitenden Protestantismus zurückzudrängen. In diesem Sinne holte er eine Reihe von geistlichen katholischen Gemeinschaften wie etwa die Kapuziner oder die Jesuiten nach Düsseldorf. Der andere Grund bezog sich auf das herzogliche Gymnasium in Düsseldorf, das unter dem bekannten Humanisten Johannes Monheim zu einem der führenden Gymnasien der Region geworden, nach dessen Tode 1564 allerdings im Niedergang begriffen war. Um diese Entwicklung zu korrigieren, setzte Wolfgang Wilhelm auf die Jesuiten, denen ein ausgezeichneter Ruf als Lehrer vorauseilte.

Herzog Wolfgang Wilhelm *(1578-1653)*

Der in Neuburg an der Donau geborene Wolfgang Wilhelm kam kurz nach dem Tode seines Onkel, Herzog Johann Wilhelm I,. erstmalig nach Düsseldorf, um seine Ansprüche im Jülich-Klevischen Erbfolgestreit zu untermauern. Obwohl lutherisch erzogen, konvertierte er sehr zum Missfallen seines Vaters anlässlich seiner Heirat mit Magdalene von Bayern 1613 zum Katholizismus. Fortan tat sich der Herzog von Jülich-Berg (1614-1653) als maßgeblicher Unterstützer der Gegenreformation hervor. So schränkte er die protestantischen Gemeinden ein und holte eine Reihe geistlicher Orden wie Karmeliterinnen, Franziskaner, Kapuziner und, als für Düsseldorf bedeutendste Gemeinschaft, die Jesuiten an die Düssel. Als heute noch sichtbares Zeichen seiner Religionspolitik gilt die St. Andreaskirche, deren Bau er maßgeblich förderte. Zudem gilt er als Förderer der Kunst. ○

Am 30. März 1619 trafen mit Bernhard Buchholtz, Johannes Lippius und Michael Esser die ersten Jesuitenpatres in Düsseldorf ein, um die Übernahme der Schule, die sich am Stiftsplatz befand, vorzubereiten. Schon im Folgejahr konnte der Unterricht in der alten Schule von mittlerweile 13 Jesuiten wieder aufgenommen werden, auch wenn klar war, dass die dortigen Räume keine dauerhafte Zukunft haben konnten. Zur Unterstützung der Jesuiten kaufte der Herzog ein Grundstück im Bereich zwischen der Mühlen- und der späteren Andreasstraße, auf dem sich ein größeres Haus befand, welches den Patres als erstes Klostergebäude dienen sollte: das Ossenbroich'sche Haus. Es diente bis 1684 als Konventsgebäude und wurde dann zugunsten eines großzügigen Neubaus niedergelegt. Es befand sich im Bereich des heutigen großen Innenhofs (Kanzleihof), der an die Westseite von St. Andreas grenzt. Auch in der Folgezeit stattete das Herrscherhaus die Jesuiten großzügig aus und erweiterte den jesuitischen Besitz in der Stadt. Mit der Schenkung verband Wolfgang Wilhelm den Auftrag an die Jesuiten, ein Schulkollegium, ein Kloster und eine Kirche zu erbauen.

1621 begannen auch die Planungen zum Bau der Klosterkirche. Dabei orientierten sich die jesuitischen Baumeister an der Neuburger Hofkirche. Diese Kirche, 1607/1608 als protestantische Hofkirche am Stammsitz von Wolfgang Wilhelms Familie in Neuburg an der Donau errichtet, war den Jesuiten zur Rekatholisierung 1613 übertragen worden. Die opulent ausgestattete Kirche in Düsseldorf konnte 1629 geweiht werden, die Fertigstellung inklusive dem Bau der Türme zog sich bis 1637 hin. Ähnlich wie in Neuburg wurde auch diese Kirche, konsekriert auf den Heiligen Andreas, zur Hofkirche und Grablege der Pfalz-Neuburger in Düsseldorf. So be-

2 *Ignatius von Loyola, der Gründer des Jesuitenordens, Statue in St. Andreas.*

findet sich das Grab Johann Wilhelms II. (1658-1716), volkstümlich in Düsseldorf besser als „Jan Wellem" bekannt, im angeschlossenen Mausoleum. Damit konnte auch die kleine Kapelle niedergelegt werden, die bis dahin den Patres als Hausoratorium diente. Sie lag im Bereich des heutigen großen Innenhofes. Zeitgleich zum Kirchenbau wurde das Seminar Ad. S. Salvatorem im Bereich der Neustraße am Mühlenplatz, dem heutigen Grabbeplatz errichtet, in dem die Jesuitenschüler untergebracht waren. Es folgten weitere Grundstücksschenkungen und Anbauten. So entstand eine um zwei Innenhöfe gruppierte Anlage. 1657 wurde das Pagenhaus im Bereich des späteren Amts- und Landgerichts den Jesuiten zur Unterbringung des Gymnasiums geschenkt. Letztlich fand es nach Zwischenstationen Unterkunft im 1710 erbauten Nordtrakt des Klosters. Um 1650 entstand der Südflügel entlang der späteren Andreasstraße, die zu diesem Zeitpunkt noch als Kottenstraße (Kurzestraße) bezeichnet wurde. Zur Andreasstraße wurde sie erst nach der Fertigstellung der Jesuitenkirche. Der Westflügel, der heute den „Kanzleihof" nach Westen hin begrenzt, wurde um 1680 erbaut. Dieser Trakt beherbergte das eigentliche Kloster oder Konvent, in dem die Patres lebten. Es umfasste neben den Dormitorien (Gang mit Schlafzellen) und dem Refektorium (Speisesaal) auch Verwaltungsräume (Kanzlei) und die Bibliothek. Westlich daran anschließend um den zweiten kleinen Innenhof herum entstanden die Wirtschaftsräume: die Küche, Stallungen und Vorratsräume, eine Bäckerei und ein Brauhaus. Der Nordtrakt von 1710 nahm später das Jesuitengymnasium auf. Das Gymnasium diente der Schulbildung für jüngere Knaben, das Kolleg im Haus kann man hingegen eher mit einer heutigen theologischen Fakultät vergleichen, die dortige Ausbildung mit einem Studium. Der große Hauptlehrraum des Kollegs, die „aula academica", wurde nach 1770 auch durch die Rechtsakademie Düsseldorf genutzt. Das Jesuitenkloster entfaltete eine geistlich-theologische und ganz im Sinne des Herzogs auch religionspolitische Breitenwirkung, und dies nicht nur in der Stadt, deren „höhere Söhne" aus guten Familien hier ausgebildet wurden, sondern in die gesamte Region hinein. Wolfgang Wilhelm hatte die Patres aufgefordert, auch Jungen aus weniger wohlhabenden Familien aufzunehmen, die kein Schulgeld zu bezahlen hatten. Ferner sollten die Jesuiten regelrechte Missionsstationen in den östlichen Landesteilen des Herzogtums aufzubauen, wo der Protestantismus in seinen unterschiedlichen Strömungen breit Fuß gefasst hatte. Die Geschichtswissenschaft hat für diese Zeit und für diese Art der Missionierung die Begriffe „Gegenreformation" oder „Rekatholisierung" geprägt. Dementsprechend wirkten die Patres der Sozietät Jesu auch in zahlreichen anderen Städten des Herzogtums Berg in Form einer regelrechten Volksmission. So errichteten sie Missionsstationen, kleine Niederlassungen, die noch

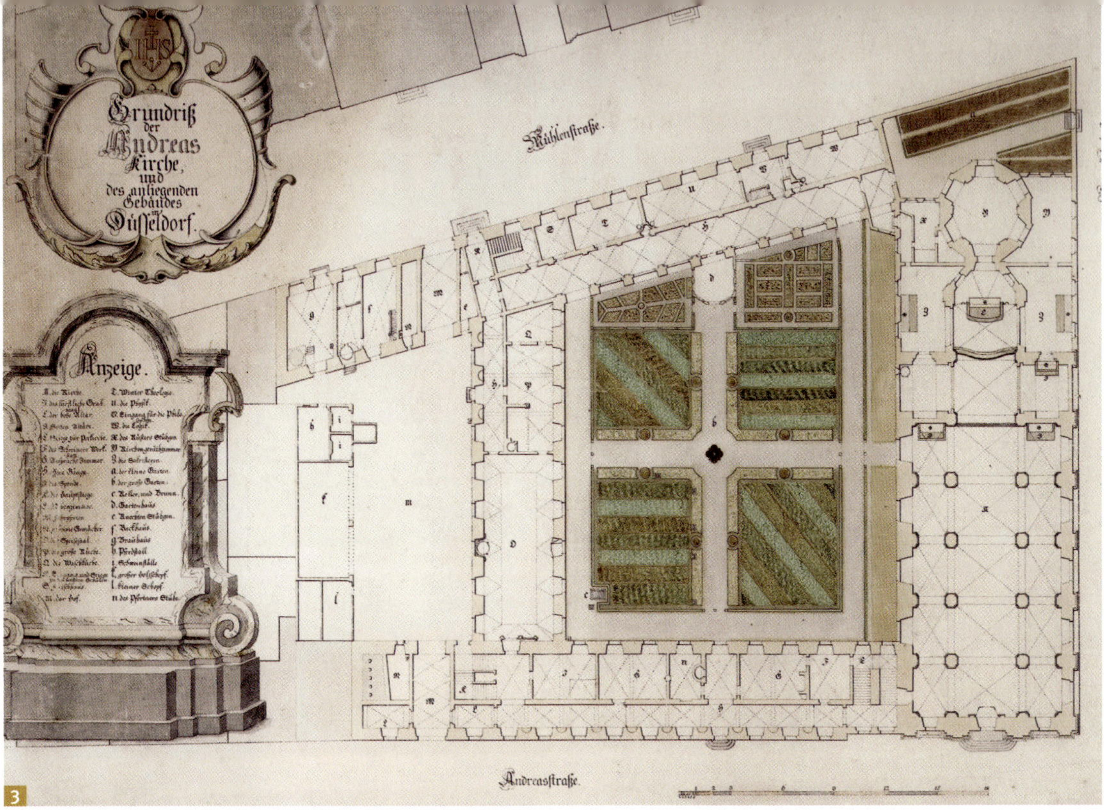

3 Plan der Klosteranlage, um 1770.

nicht den Status einer Jesuitenresidenz oder eines Kollegs hatten, wie etwa in Blankenberg, Solingen oder Mülheim an der Ruhr. Im Weichbild Düsseldorfs waren es vor allem die kleinen Kapellen in Bilk, Hamm und Golzheim, die von den Jesuiten betreut wurden. Zudem halfen sie an Feiertagen bei Gottesdiensten in Gerresheim, Kaiserswerth und Ratingen aus. Zwischenzeitlich gehörte auch die Betreuung des Jan-Wellem-Brunnens am Grafenberg zu den Aufgaben der Jesuiten. 1688 schenkte Herzog Philipp Wilhelm die Anlage, zu der eine Eremitage gehörte, den Jesuiten. Als Kurfürst Johann Wilhelm II. die Quelle ausbauen ließ, scheinen die Jesuiten jedoch nicht mehr Herren der Anlage gewesen zu sein. Bei der ersten, nach schweizerischem und italienischem Vorbild abgehaltenen Volksmission sollen nach zeitgenössischen Angaben 40.000 Menschen nach Düsseldorf gekommen sein.

Berühmte Schüler, berühmte Lehrer

Neben der seelsorgerischen Tätigkeit stellte die Betreuung der Schule eine wesentliche Aufgabe dar, die zugleich die Verankerung der Jesuiten in der Stadt förderte. Sie war auch einer der Hauptgründe für ihre Ansiedlung in der Stadt. Zu den prominentesten Schülern, die durch die Jesuiten ihre Schulbildung erhielten, zählten die Herzogssöhne selbst: Wolfgang Wilhelms Sohn Philipp Wilhelm (1615-1690) und dessen Sohn Johann Wilhelm II. waren Jesuitenschüler gewesen. Auch Nachfahren des jüdischen Hoflieferanten Juspa van Geldern (1653-1727), Joseph (1765-1796) und Simon (1768-1833) van Geldern, erhielten im Kloster täglichen Unterricht. Simon, der dann zeitlebens direkt in der Nachbarschaft in seinem Haus „Arche Noah“ in der Mertensgasse lebte (heute die Geschäftsstelle des Heimatvereins „Düsseldorfer Jonges“), war ein Onkel von Heinrich Heine (1797-1856). Die Ausbildung war nach den einheitlichen Schulplänen der Jesuiten gestaltet mit täglich bis zu zwölf Stunden überwiegend kontrolliertem Lernen und Beten. Auf ein achtjähriges Grundstudium („studia inferiora“), ähnlich der heutigen Gymnasialausbildung, folgte ein sechsjähriges Fachstudium („studia superiora“), bestehend aus einem zweijährigen Philosophie- und einem vierjährigen Theologiestudium. Schwerpunkt des Unterrichts war die lateinische Sprache. Zudem wurden Philosophie, Mathematik, Rhetorik, Poesie, Grammatik,

Geographie, Arithmetik und Heraldik unterrichtet. Der Kurfürst stellte zumindest zeitweilig 30 Rheinische Taler für Preise zur Verfügung, mit denen die besten Schüler in den einzelnen Fächern ausgezeichnet wurden. Öffentliche Anerkennung erfuhr das Gymnasium auch durch die in den Sommermonaten öffentlich stattfindenden Disputationen, in denen Schüler Thesen, die die Lehrer vorgaben, verteidigen mussten, als auch durch die dramatischen Aufführungen durch die Schüler, die als Jesuitendrama europaweit als wichtiges Instrument der jesuitischen Mission gesehen wurden. Zunächst nur religiöse Stoffe darstellend, kamen später auch antike Stücke hinzu. Auch wurde vermehrt in Deutsch statt nur in Latein vorgetragen.

Der berühmte Jesuit Wilhelm Nakatenus (1617-1682) lehrte nach Stationen in Münster, Jülich und Bonn am Düsseldorfer Kolleg Philosophie und Rhetorik und wirkte als Prediger. Er gilt als einer der wichtigsten Verfasser von Gebetbüchern seiner Zeit. Einige Jahrzehnte später war wohl Pater Ferdinand Orban die prägende Persönlichkeit des Düsseldorfer Standortes: Dem Hofprediger und Beichtvater Jan Wellems verdankte das Haus seinen breiten Anbau an der Mühlenstraße (1710), ein dort auf dem Dach aufgebautes Sternwarten-Häuschen, das zu astronomischen Zwecken genutzt wurde, sowie ein Kuriositätenkabinett mit allerlei seltsamen Mitbringseln aus aller Welt.

4

HOROSCOPUS
HERCULIS
PALATINI
PER VIRTUTES ET LABORES AD ASTRA TRANSLATI.
Daß ist:
Tugent-und Lebens-Wandel
JOANNIS WILHELMI
Pfaltzgraffen bey Rhein/
Des Heil. Röm. Reich Ertz-Truchsessen und Churfürsten/ in Bäyern/ zu Gülich/ Cleve und Berg Hertzogen/ Fürsten zu Mörß/ Graffen zu Veldentz/ Sponheumb/ der Marck und Ravensperg/ Herrn zu Ravenstein/ ꝛc. ꝛc.
Auffgesetzt und vorgetragen
In dessen höch-traurigen mit gröster Solemnität begangener Leich-Begräbnuß ersten Tags
Durch
R.P. Ferdinandum Orban S. J. Weylandt der Chur-Fürstl. Durchl. Beicht-Vatteren/ den 5. Augusti Anno 1716. in der Residentz-Statt Düsseldorff.
Permissu Superiorum
Düsseldorff/ getruckt bey Johann Wilhelm Beyer Churfürstlicher Hoff-Buchtrucker, 1716.

Pater Ferdinand Orban *(1655-1732)*

Ferdinand Orban stammte aus Niederbayern. 1672 trat er in den Jesuitenorden ein und studierte Logik, Metaphysik und Theologie am Jesuitenkolleg in Ingolstadt. Nach Stationen als Pater oder Hofprediger in Innsbruck (1689-1692), Burghausen (1692- 1695) und Landshut (bis 1703) kam er schließlich nach Düsseldorf, wo er Rektor des Jesuitenkollegs wurde und sich als Beichtvater bei Kurfürst Johann Wilhelm („Jan Wellem") von 1703 bis zu dessen Tod 1716 einen Namen machte. Nebenbei betrieb er astronomische Forschungen mittels der Sternwarte auf dem Dach des Klosters und sammelte Kuriositäten aus aller Welt. Pater Ferdinand Orban starb 1732 in Ingolstadt. Über seine Raritätensammlung berichtete ein Reisender bei einem Besuch in Ingolstadt: „Nebst der Bibliothec besiehet man des P. Urban Sammlung von Curiositäten, vor welche ein besonderer grosser und ansehnlicher Saal gebaut ist. Sie bestehen aus mancherley ausländischen Rüstungen, Trachten, Hausrath, Antiquitäten, Manuscripten und Thieren: Gemälden, Muscheln, Opticis und andern mathematischen Dingen, welche jedoch meistentheils unordentlich untereinander liegen." ○

4 Titelseite der Biografie Johann Wilhelms, verfasst durch den Jesuitenpater Ferdinand Orban.

5 Die Bilker Sternwarte vor ihrer Zerstörung.

Sternwarte Düsseldorf

Wann erstmals in Düsseldorf eine Sternwarte existierte, können wir nicht genau sagen. Vermutlich war es der Jesuitenpater Ferdinand Orban, der mit Unterstützung des Präfekten Lucas Deel 1716 auf dem Dach des Nordflügels an der Mühlenstraße ein Observatorium zur Beobachtung der Gestirne einrichtete, der Turm wurde erst 1955 abgebaut. Irritierende Parallelität: Während der Jesuit Orban naturwissenschaftliche Studien betrieb, lief im sieben Kilometer entfernten Gerresheim der letzte Hexenprozess Westdeutschlands an. Bekannt wurde die Sternwarte jedoch unter Johann Friedrich Benzenberg, der die Sternwarte letztendlich nach Bilk verlegte. Einer seiner Nachfolger, der Astronom Robert Luther, entdeckte hier zwischen 1852 und 1890 die so genannten Düsseldorfer Planeten. Die Sternwarte wurde 1943 bei einem Luftangriff zerstört. Heute erinnert nur noch das ausgebrannte Fernrohr als Denkmal an die Sternwarte. ○

Trotz der Unterstützung des Jesuitenkollegs durch den Hof und Teilen der Bevölkerung entschied sich sein Schicksal an anderer Stelle. 1773 löste Papst Clemens XIV. den Orden auf. Hintergrund war eine Reihe von Verdächtigungen und Verschwörungstheorien gegenüber den Jesuiten. Das Haus Bourbon übte dabei massiven Druck auf den Vatikan an, so dass sich der Papst Clemens beugen musste und den Orden auflöste.

Am 31. Januar 1774 versammelte der Statthalter des Kurfürsten Carl Theodor, Johann Ludwig Franz von Goltstein (1719-1776), alle Patres im Refektorium, um die Auflösung des Düsseldorfer Kollegs zu verkünden. Der Kurfürst müsse diesen Schritt aus „angestammter Ergebenheit gegen den römischen Stuhl" vollziehen. Jedoch mussten die Priester Düsseldorf nicht verlassen. Sie wechselten vielmehr vom Status des Ordenspriesters in den Status der Weltpriester, die sich in der St. Andreas-Kongregation zusammenschlossen; sie waren damit nun unmittelbar dem Kölner Erzbischof unterstellt. Aus der Jesuitenkirche St. Andreas wurde eine klassische

Pfarrkirche. Im Jahr der Auflösung bestand die Düsseldorfer Niederlassung aus etwas mehr als 30 Ordensmitgliedern, darunter 18 Priester, fünf Professoren und sieben Laienbrüder. Ihr letzter Oberer und Rektor des Gymnasiums war Pater Joseph Dael.

Die ehemaligen Jesuiten wirkten auch weiterhin als Lehrer am Düsseldorfer Gymnasium, das später in das Franziskanerkloster St. Maximilian verlegt und in „Churfürstliches Gymnasiums" unbenannt wurde. 1803 wurde es zum „Lyzeum", das der junge Heinrich Heine besuchte, und 1815 zum „Königlichen Katholischen Gymnasium" (das heutige Görres-Gymnasium). Hier wird noch heute die jesuitische Bibliothek verwahrt, die im Kolleg an der Mühlenstraße genutzt worden war. Die letzten vier Jesuiten lebten noch lange in der Stadt und blieben als Seelsorger tätig. Mit Pater Michael Granderath verstarb 1842 auch der letzte Jesuit, der als junger Mann noch im Kolleg aufgenommen worden war. Die vier letzten Jesuiten wurden auf dem Golzheimer Friedhof beigesetzt. Das Grabmal hat sich erhalten.

Ein Haus in der Stadttopografie

Mit dem Bau des Jesuitenkollegs zwischen der späteren Andreasstraße und der Mühlenstraße erhielt dieser Bereich der Stadt einen wichtigen Entwicklungsimpuls. Im Zuge der mittelalterlichen Stadterweiterung 1384 war das alte Düsseldorf südlich über die Düssel hinaus bis zur Flinger Straße „gewachsen". Bei archäologischen Grabungen im kleinen Innenhof im Bereich der Mahn- und Gedenkstätte konnte die alte palisadenbefestigte Uferböschung freigelegt werden. Heute fließt die Düssel ungefähr 50 Meter weiter nördlich zum Teil verrohrt, zum Teil offen. Jedoch folgte der Erweiterung nicht sofort eine flächendeckende Bebauung des neuen Stadtgebietes. Speziell im Bereich der Mühlenstraße, an der sich die alte städtische Mühle befand, blieben noch große Flächen aufgrund des sumpfigen Untergrundes unbebaut. Mit dem Ausbau der Burg zum Renaissance- und Residenzschloss fiel jedoch der Mühlenstraße, die im 19. Jahrhundert zeitweilig auch Wilhelmstraße hieß,

6

7

6 Scherenschnitt: Die letzten Düsseldorfer Jesuiten, 19. Jahrhundert.

7 Grabmal der Jesuiten auf dem Golzheimer Friedhof.

8

9

8 *Stadtplan um 1833 mit der hier als „Wilhelmstraße“ bezeichneten Mühlenstraße.*

9 *Die Mühlenstraße um 1830. Rechts ist das Statthalterpalais zu sehen. Auf dem Dach des Stadthauses (links) ist die Sternwarte zu erkennen.*

10 *Rekonstruktion der Hofhaltung im Bereich von der Mühlenstraße bis zur Ratinger Straße.*

eine neue zentrale Aufgabe zu: Sie bildete die neue Achse, die unmittelbar auf das Schloss zulief. Sowohl der Herzog als auch seine Gäste nutzten in der Regel diese Straße, wenn sie von Osten aus zur Stadt hereinkamen. Die Mühlenstraße wurde so zur Düsseldorfer Magistrale und musste verstärkt repräsentative Funktionen wahrnehmen. Betrachtet man Stadtpläne des 17. und 18. Jahrhunderts fällt die ungewöhnliche Breite der Mühlenstraße auf. Schon der Ausbau Düsseldorfs zur Landesfestung zu Beginn des 16. Jahrhunderts wertete den Bereich um die Mühlenstraße auf, indem vor dem Mühlenplatz (heute in etwa Grabbeplatz) das Mühlenrondell als Teil der Festung angelegt wurde. Speziell der Bereich zwischen Liefergasse und Neubrückstraße durchlief eine spürbare Aufwertung. Die Erhebung der Andreaskirche zur Hofkirche und Grablege weist ebenfalls in diese Richtung. Unter Johann Wilhelm II., der Musik und Kunst in der Stadt förderte, konnte 1696 feierlich eine Hofoper eingeweiht werden. Sie befand sich direkt gegenüber dem Jesuitenkolleg. Innerhalb von nur vier Monaten entstand in einem dort bestehenden Gebäude eine Oper mit den Maßen von 34 mal 17 Metern. Eröffnet mit der Oper „Giocasta" von Hugo Wilderer, sahen die Zeitgenossen eine aufwändige Bühnentechnik, für deren Ausstattung Anna Maria de Medici aus ihren Privatvermögen jährlich 80.000 Gulden zur Verfügung stellte. Nach dem Tode Jan Wellems ging 1716 die Hofkapelle nach Mannheim, der Bau verfiel und wurde 1738 zu einer Reithalle umgebaut. Gegenüber der Hofoper, jenseits der Düssel in Richtung Ratinger Straße befand sich das Tummelhaus, das erstmal 1656 er- und 1695 neu gebaut wurde. Es wurde 1762 zum Zeughaus umgewidmet. Ebenfalls auf der Mühlenstraße befand sich das ältere Pagenhaus, das später an den Rhein verlegt wurde. An die Liefergasse angrenzend entstand 1559 der alte Marstall, dem in östlicher Richtung angrenzend 1746 der neue Marstall angebaut wurde. Ein entscheidender Impuls war jedoch der Bau des Statthalterpalais. Mit der Verlagerung des Hofstaates nach Mannheim ab 1716 verlor ein Großteil dieser Gebäude seine Funktion und wurde zunehmend militärisch genutzt. Als die Franzosen 1762/63 die Stadt nach kurzer Besatzung wieder räumten, waren diese Gebäude so heruntergekommen, dass sie abgerissen werden mussten. An ihrer Stelle ließ Carl Theodor von 1764 bis 1766 das Statthalterpalais errichten. Der klassizistische Bau von Hofbaumeister Kees wertete die Mühlenstraße zum Regierungsviertel Düsseldorfs auf. Mit dem Grafen Johann Ludwig Franz von Goltstein residierte nun der Statthalter des Kurfürsten auf dieser Straße. Er machte sich sehr um den Wiederaufbau der Stadt nach den Schäden des Siebenjährigen Krieges verdient. So gehörte zu den in diesem Kontext ergriffenen Maßnahmen auch die Anlage des Hofgartens als erste öffentlich zugängliche Parkanlage Deutschlands. Nach dem Ende der alten herzoglichen Herrschaft saß hier auf der Mühlenstraße in napoleonischer Zeit die Verwaltung und Regierung des Großherzogtums Berg. Als die Preußen anschließend Düsseldorf übernahmen richteten sie die königlich-preußische Regierung des Regierungsbezirks Düsseldorf ein. Für fast 150 Jahre prägte das 14-eckige Gebäude des Statthalterpalais zusammen mit dem Stadthaus die Silhouette der Mühlenstraße. Doch 1912 musste das Palais dem heute bestehenden Neubau des Amts- und Landgerichts Düsseldorf weichen. Lediglich ein Teil des ehemaligen Portals und die beiden Erinnerungsmedaillen an die erste Hofoper wurden im Innenhof in das Gerichtsgebäude integriert.

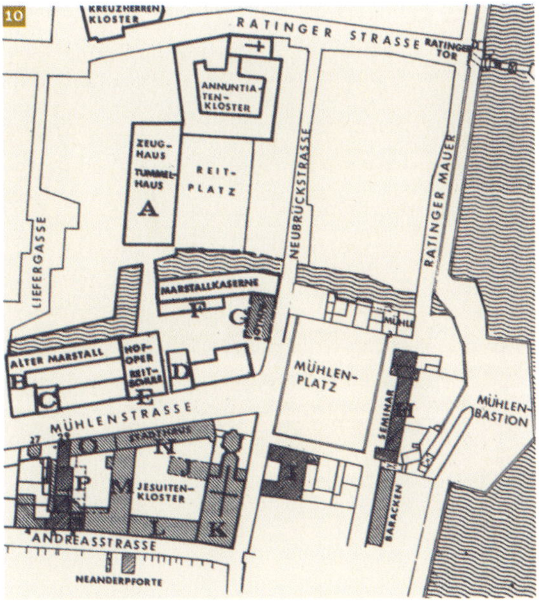

11

11 *Blick in die Mühlenstraße auf einem Gemälde des späten 19. Jahrhunderts.*

Das Stadthaus zwischen 1773 und 1906

In der Übergangsphase zwischen der Aufhebung des Ordens und dem Einzug der preußischen Bezirksregierung war das ehemalige Kloster Schauplatz der „großen Politik" und ihrer ganz unterschiedlichen Entscheidungsträger. Regiert wurde stets von der Mühlenstraße aus. Während das gegenüber liegende Statthalterpalais als Sitz der Landesherrn oder ihrer Vertreter genutzt wurde, diente das ehemalige Jesuitenkolleg als Regierungssitz und Verwaltungszentrale für den gesamten Staat. Graf von Goltstein arbeitete hier noch als Hofrat und Statthalter des Münchener Kurfürsten. Sein Nachfolger, Karl Franz von Nesselrode (1713-1798), war zunächst jülich-bergischer Kanzler und kurpfälzischer Geheimer Staatsrat, bis er zwischen 1776 und 1794 als Statthalter von Jülich-Berg fungierte. Johann Wilhelm von Hompesch (1761-1809) diente der Regierung als Geheimer Hofrat und Finanzminister. Goltstein und Hompesch fungierten das Gebäude zur „Neuen Kurfürstlichen Kanzlei" um – in Abgrenzung zur Alten Kanzlei am Rathaus. Beide Beamte waren noch Vertreter des ancien regime, des von München aus regierten Herzogtums Berg.

Diese Zeit jedoch war spätestens 1806 vorbei: Der alte, kaum zu reformierende Staat wurde unter dem Eindruck der französischen Vorherrschaft abgewickelt, ein neues „Großherzogtum Berg", das sehr viel größer war und bis nach Norddeutschland reichte, wurde als Modellstaat nach französischem Vorbild begründet.

Berg war nun Einflussbereich Napoleons, der wiederum seinen Schwager, den Kavalleriegeneral Joachim Murat (1767-1815), zum Staatsoberhaupt des neuen Großherzogtums ernannte. Wann immer er in Düsseldorf war und die Verwaltungsreformen anstieß, tat er dies im Sitz der Regierung an der Mühlenstraße. Der Kaiser selbst, der 1809 die Geschicke dieses Modellstaates wieder in die eigenen Hände nahm, weilte bei seinem Düsseldorf-Besuch im November 1811 zwar im Schloss Jägerhof, fuhr aber nachweislich in einer Kutsche am ehemaligen Jesuitenkloster vorbei in Richtung Schloss und Rathaus. Die Liste der angestrebten und hektisch durchzuführenden Reformen war lang: Die französische Verwaltung reorganisierte das gesamte Staats- und Justizwesen, führte verbindliche Steuergesetze ein, sorgte für die formale Aufhebung des Feudalsystems und der Leibeigenschaft (1808), die Beseitigung des Lehnswesens (1809), die Abschaffung der Zünfte und Renteien. Die vorläufige Emanzipation der Juden (1808), die Einführung der allgemeinen Gewerbefreiheit (1809) und des bürgerlichen Gesetzbuches Code napoléon (1810) waren die wohl zentralen Errungenschaften der großherzoglichen Regierung.

Die beiden wichtigsten Beamte der napoleonischen Zeit steuerten von der Altstadt aus das Geschehen ihrer Zeit. Sie regierten vom Gebäude an der Mühlenstraße aus nahezu ganz Nordwestdeutschland: Jacques Claude Graf Beugnot (1761-1835) wurde Finanzminister und Statthalter des französischen Kaisers. Von 1808 bis zur Flucht im November 1813 war er in Düsseldorf. Sein Kollege, Johann Franz Joseph Graf von Nesselrode (1755-1824), wurde großherzoglicher Innen-, Kriegs- und Justizminister sowie Präsident des Staatsrates.

Doch schon im Herbst 1813 war die französische Episode wieder vorbei. Im Zuge der militärischen Niederlage verließen die großherzoglichen Beamten Düsseldorf fluchtartig, bevor die Stadt von alliierten Truppen eingenommen wurde. Mit dem preußisch-russischen Verwaltungsbeamten Justus Gruner an der Spitze entstand nun 1813/1814 das provisorische Generalgouvernement Berg, ein Übergangsstaat, der nur zwischen dem Abzug der Franzosen und der Etablierung der preußischen Herrschaft am Rhein Bestand hatte. Auch dessen Regierungssitz blieb wiederum das alte Kloster der Jesuiten.

Großherzog Joachim Murat *(1767-1815)*

Der Sohn eines Gastwirtes aus einem Dorf in den Pyrenäen machte während der Französischen Revolution militärisch Karriere. Dabei brachte es der ehemalige Priester bis zum kaiserlichen Prinzen. Als Zeichen der engen Verbundenheit heiratete Murat 1800 Napoleons Schwester. Für seine Verdienste ernannte ihn Napoleon 1806 zum Großherzog des neugeschaffenen Großherzogtums Berg, dessen Hauptstadt Düsseldorf wurde. Auch wenn er dieses Amt nur zwei Jahre inne hatte und kaum selbst in Düsseldorf anwesend war, fielen in seine Zeit wichtige Entscheidungen für die Stadtentwicklung. Die Verwaltung wurde nach französischem Vorbild modernisiert. Nach der Schleifung der Festungsanlagen ließ er nach den Plänen von Maximilian Friedrich Weyhe und Caspar Anton Huschberger die Stadt umbauen. Dazu gehörten die Erweiterung des Hofgartens und die Anlage des später Königsallee genannten Stadtgrabens. Während er bei seinen Düsseldorf-Aufenthalten auf Schloss Benrath wohnte, dienten ihm Statthalterpalais und das ehemalige Jesuitenkolleg als Amtsitz. Mit dem Ende der Napoleonischen Herrschaft kam auch Murats Fall. Er wurde 1815 im kalabrischen Pizzo hingerichtet. ○

Die preußische Regierung

Als im Folgejahr auf dem Wiener Kongress das ehemalige Herzogtum Berg an Preußen fiel, änderte sich die Aufgabe der ehemaligen Jesuiteneinrichtung. Die Niederlagenerfahrung gegen das revolutionäre Frankreich ließen Preußen eine Reihe von Reformen einleiten, die unter dem Stichwort Stein-Hardenberg'sche Reformen bekannt wurden. Zu ihnen gehörte eine umfassende Staatsreform. 1815 wurde Preußen in zehn Provinzen mit 25 Regierungsbezirken eingeteilt, an deren Spitze jeweils ein Regierungspräsident stand. Düsseldorf wurde Sitz eines solchen Regierungspräsidenten, der als Mittelinstanz zwischen der preußischen Staatsregierung und den Kommunen fungieren sollte. Als erster Regierungspräsident in Düsseldorf kam Freiherr Philipp von Pestel (1767-1835) an den Rhein. Am 1. Januar 1816 trat er hier seinen Dienst an und bezog als Dienstwohnung Quartier im alten Statthalterpalais. Am 22. April 1816 nahm er dann offiziell als Regierungspräsident seine Arbeit auf. Die Behörde selbst übernahm das alte Jesuitenkloster. Fast 100 Jahre blieb das Regierungspräsidium Nutzer dieses Gebäudes und gestaltete es auch nach seinen Bedürfnissen um. Rasch nahm die Bedeutung des Düsseldorfer Regierungspräsidenten zu, denn bereits 1822 wurde die Regierung Kleve mit der Regierung Düsseldorf vereinigt. Dies ging einher mit einem Neuzuschnitt der Provinzgrenzen im Rheinland. Die Provinzen Kleve-Berg und Großherzogtum Niederrhein wurden Teil der „Rheinprovinzen", ab 1830 nur noch in Kurzform „Rheinprovinz".

Die Aufgaben dieser, häufig auch nur „Regierung" genannten Behörde waren vielfältig: Sie war das Gesicht Preußens am Rhein. Laut der Instruktion vom 23. Oktober 1817 war sie dazu verpflichtet, „das landesherrliche Interesse des Königs, das Beste des Staates und das Gemeinwohl der Untertanen bei der ihnen übertragenen Verwaltung überall gehörig wahrzunehmen". Schwerpunkte waren die Abteilungen Finanzen und Inneres. Damit war sie zuständig für die direkten Steuern und das Kassenwesen, aber auch für Personalpolitik der Gemeinden, Medizin- und Armenwesen, Statistikwesen, „Kunst- und Altertumssachen", Handel, Gewerbe, Vereine, Schulwesen und Kirchenangelegenheiten. Wichtige Bereiche stellten auch das Polizeiwesen, die Kommunalaufsicht, die Bauverwaltung und die Zusammenarbeit mit dem Militär dar.

Der Regierungsbezirk Düsseldorf entwickelte sich zu einem der wichtigsten Bezirke Preußens. 1925 wohnten in ihm sechs Prozent der Reichs-, zehn Prozent der preußischen Bevölkerung und 53 Prozent der Rheinprovinz. Mit dem bergischen Industrierevier und später dem Ruhrgebiet war es eines der wirtschaftlichen Gravitationszentren Preußens und des Reiches.

12 Der Regierungsbezirk Düsseldorf 1817.

13 Der Regierungsbezirk Düsseldorf, 1887.

14 Anton Joseph Binterim.

15 Blick in eines der Treppenhäuser an der Andreasstraße, um 1960.

Zudem war der Regierungsbezirk ein großstädtischer Ballungsraum, acht der elf Großstädte im Rheinland lagen hier, auch wenn dazu beispielsweise Hamborn

mit 100.000 Einwohnern zählte, das jedoch kommunalrechtlich noch als Dorfgemeinde galt.

Diese Entwicklung zu kontrollieren, führte nicht nur zu einer wachsenden Bedeutung der Raum- und Verkehrsplanung, sondern auch zu starken Überwachungsmaßnahmen. So sollte der Regierungspräsident alle Veröffentlichungen verhindern, die „die Würde und die Sicherheit sowohl des preußischen Staates als der übrigen deutschen Bundesstaaten“ verletzen könnte. Besonders in unruhigen Zeiten wie während des Mischehenstreit zwischen Preußen und der katholischen Kirche oder der Revolution von 1848 gerieten auch Karl Marx, der junge Heinrich Heine oder der Bilker Geistliche Anton Joseph Binterim als „gefährliche Staatsfeinde“ ins Visier des Regierungspräsidenten. Als der in der katholischen Bevölkerung beliebte Binterim (1779-1855) im Streit um die Mischehe, die die katholische Kirche vehement ablehnte, seine Kampfschrift „Der katholische Bruder- und Schwesterbund zu einer rein katholischen Ehe“ veröffentlichte, hatte der Regierungspräsident Adolph Theodor von Spiegel-Borlinghausen (1792-1852) genug Material gegen ihn gesammelt. Binterim wurde verhaftet und am 10. Dezember 1838 „wegen Erregung von Missvergnügen und Unzufriedenheit der Bürger gegen die Regierung“ zu zweieinhalbjähriger Festungshaft verurteilt, jedoch nach Berufung 1839 aus der Haft entlassen.

15

16 *Das Bild der 1848er Revolution: Arbeiter vor dem Magistrat, Ölbild von Johann Peter Hasenclever, 1848.*

Unruhen und Steuerboykott

Als 1848 eine revolutionäre Welle durch Frankreich und Mitteleuropa rollte, steigerte sich auch die Unzufriedenheit der hiesigen Bevölkerung mit der preußischen Politik. Schlagworte wie Beseitigung sozialer Missstände, Demokratie, Parlamentarismus und deutsche Nationalstaatlichkeit mobilisierten die Menschen gegen das etablierte politische System. Gerade für den Regierungspräsident von Spiegel nahm diese Revolution von 1848 einen unglücklichen Verlauf. Er vertrat ausdrücklich die Linie des preußischen Königs, vermied aber lange die direkte Konfrontation mit den aufbegehrenden Düsseldorfern Demonstranten und Revolutionären. Als die bewaffneten Revolutionäre im November 1848 zu einem Steuerboykott aufriefen verhielt sich von Spiegel den Revolutionären gegenüber offiziell neutral, nutzte aber die erste sich bietende Gelegenheit, um mit Hilfe nach Düsseldorf gerufener Truppen, die Revolution blutig niederzuschlagen. Anschließend drohte er dem Stadtrat, die Garnison und die Bezirksregierung aus Düsseldorf abziehen. Die Drohung verfehlte ihre Wirkung nicht. Der Gemeinderat distanzierte sich von der revolutionären Bewegung und stimmte ausdrücklich der durch den König oktroyierten Verfassung zu, die die politischen Errungenschaften rückgängig machte.

So vermeintlich stark von Spiegel nun auftrat, in Berlin gab man auch ihm eine Mitschuld an den Düsseldorfer Ereignissen. Von Spiegel wurde zunächst beurlaubt und am 5. November 1849 in den einstweiligen Ruhestand versetzt.

Das Haus verändert sich

Die stetig wachsenden Aufgaben der Bezirksregierung führten zu einem stetig wachsenden Raumbedarf. Unmittelbar mit der Übernahme des Jesuitenklosters durch den Regierungspräsidenten wurden Umbaumaßnahmen geplant. Adolph von Vagedes (1777-1842), der auch das neue Ratinger Tor erbaut hatte, plante 1817 einen neu anzubauenden Sitzungssaal für das Klostergebäude und ließ einen neuen Fassadenentwurf für das alte Gebäude entwerfen. In Berlin stießen seine Pläne auf wenig Gegenliebe. Als Antwort bestand die Oberbaudeputation in Berlin auf eine Ausführung eines Fassadenentwurfs von Karl Friedrich Schinkel, der 1823 fertig gestellt wurde und noch heute die Ansicht des ehemaligen Klosters an der Mühlenstraße bestimmt. Die Fensterachsen wurden in regelmäßige Abstände neu gegliedert und die Fassade erhielt einen neuen Verputz, der Quadermauerwerk imitiert. Auch ein vier Jahre später errichteter Erweiterungsbau orientierte sich an Schinkels Plänen. Durch die Baumaßnahmen verlor die Anlage ihre vorherige Raumstruktur. Die Gewölbe wurden entfernt, neue Durch- und Eingänge geschaffen sowie eine neue Tordurchfahrt zum großen Innenhof angelegt. Für das 18. und frühe 19. Jahrhundert sind einige Hausnamen derjenigen Gebäude überliefert, die später zum Gesamtkomplex gehörten: So etwa an der Mühlenstraße (Haus Nummer 27) die „Goldene Traube“, an der Andreasstraße „Grüner Hirsch“, „Schenkenschanze“ (Nummer 8), daneben das Haus „Grüner Wald“ (Nummer 6) und ganz im Westen das „Metternich'sche Haus“ (Nummer 4). Über deren Bewohner, also die Nachbarn der Jesuitenpatres, wissen wir nichts. Erst als diese alten Häuser abgerissen wurden, konnten die Erweiterungsbauten der königlichen Regierung errichtet werden.

17 Blick in die Mühlenstraße, um 1910.

17

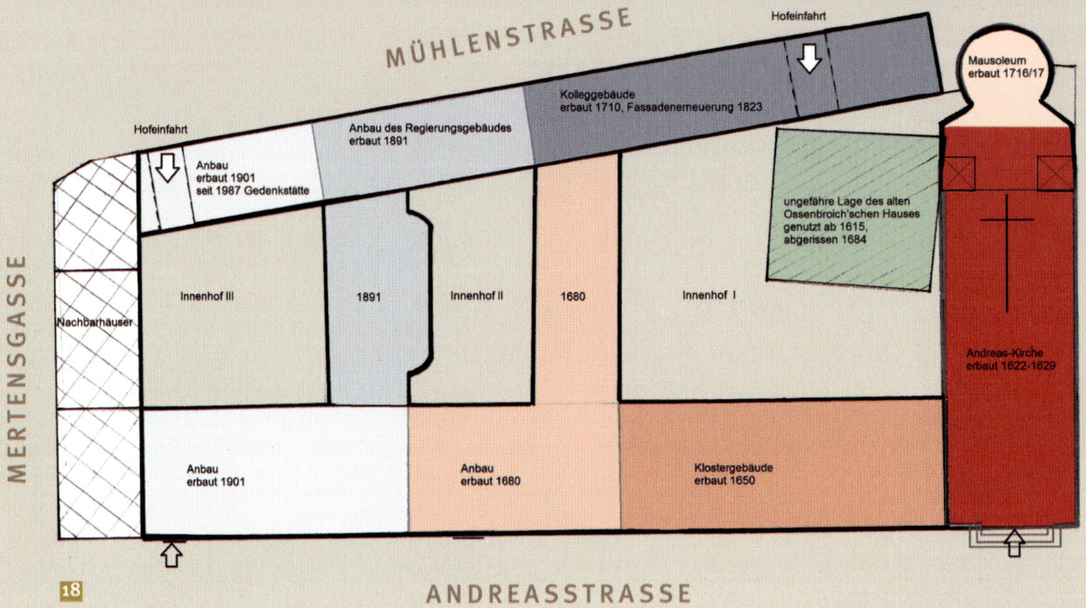

18

18 Die verschiedenen Bauphasen vom Kloster zum Stadthaus.

19 Der Bau von der Andreasstraße aus, um 1960.

20 Der mittlere Innenhof, um 1960.

1891 kamen weitere Baumaßnahmen hinzu. Seine abschließende Ausdehnung erhielt der Baukomplex der „Regierung“ im Jahre 1902. Am 8. August 1898 genehmigte Berlin den Ankauf eines ehemaligen Schulgrundstückes, das westlich an die Bezirksregierung anschloss, zum Preis von 130.000 Mark. Bis 1902 entstand auf dem Gelände ein Erweiterungsbau, der das Areal der „Regierung“ zwischen Mühlenstraße und Andreasstraße arrondierte. Über den Baukomplex schrieb 1904 der Düsseldorfer Kreisbauinspektor Bongard: „In den Jahren 1889 bis 1891 und 1901 bis 1902 sind grössere neuzeitliche Erweiterungsbauten angefügt worden, die an der Mühlenstrasse eine von zwei Risaliten eingefasste Fassade mit zusammen sechs Achsen, an der Andreasstrasse eine neunachsige Fassade aufweisen, beide in einheitlichen Barockformen gehalten [...]. Der alte schmucklose Klosterbau schliesst mit der östlich anstossenden Andreaskirche einen grossen Hof, den sogenannten Kanzleihof, ein.“ Mit den neuen Gebäuden zur Westseite hin hatte die Bezirksregierung noch einmal eine stattliche Menge an Büroräumen hinzugewonnen. Insgesamt konnte man nun drei Innenhöfe zählen: den großen alten Kanzleihof zur Kirche hin im Ostteil, einen mittelgroßen Hof in der Mitte des Baukomplexes und schließlich den kleinen Innenhof, der zur Mertensgasse hin ausgelegt war und mit einer einfachen Begrenzungsmauer dem großen Gebäude zur West- und Rheinseite hin als Schlusspunkt diente. Diese Konstellation der drei Höfe hat sich bis heute erhalten. Der kleine Hof ist heute bebauter Teil der Mahn- und Gedenkstätte.

Allerdings konnten auch diese Erweiterungsmaßnahmen die Raumnot der wachsenden Behörde nicht dauerhaft beseitigen. So sah man sich gezwungen, die ursprünglich weiten Flure in Büros umzuwandeln. Auch die Residenz des Regierungspräsidenten im gegenüberliegenden ehemaligen Statthalterpalais entsprach nicht mehr der Bedürfnissen und dem Repräsentationsver-

19

20

ständnis der Präsidenten eines der wichtigsten preußischen Regierungsbezirke. Der Minister für öffentliche Arbeiten urteilte 1903, dass „die Erhaltung des jetzigen an sich minderwertigen Wohnhauses nicht wohl möglich sei." Eine Kommission aus Beamten des Finanz- und Innenministeriums sowie des Ministeriums für öffentliche Arbeiten stufte die Situation in Düsseldorf als untragbar ein. Selbst ein von der Stadt Düsseldorf angebotenes Grundstück von 9.000 Quadratmeter am Berger Ufer sah man als nicht ausreichend an, um dort einen Neubau zu realisieren. Zunächst fasste die Kommission einen Neubau auf dem großzügigen Gelände des Statthalterpalais als Ergänzung zum ehemaligen Jesuitenkloster ins Auge. Aber sowohl der Düsseldorfer Oberbürgermeister Wilhelm Marx (1851-1924) als auch Regierungspräsident Arthur Schreiber (1849-1921), der 1903 sein Amt in Düsseldorf antrat, wünschten sich einen repräsentativen Neubau. Die Stadt stellte ein 14.000 Quadratmeter großes Grundstück mit einem Baukostenzuschuss von 200.000 RM zur Verfügung. Sollte sich Preußen entschließen, auf dem frei werdenden Grundstück des Statthalterpalais das Amts- und Landgericht neu zu errichten, wollte Düsseldorf weitere 500.000 RM bereitstellen. Marx verband dieses Angebot mit der Auflage, in Düsseldorf ein Oberlandesgericht einzurichten. Bevor die entsprechenden Minister eine Entscheidung treffen konnten, schuf Marx Fakten. Er übereignete per Erklärung dem Staat Preußen das Grundstück nördlich des Kunstpalastes im Tausch gegen die Grundstücke und Gebäude der Regierung an der Mühlenstraße.

Mit diesem mit Nachdruck forcierten Grundstückstausch betrieb Marx eine nachhaltige Stadtentwicklungspolitik. Aus Gründen des Hochwasserschutzes und um zugleich auch die Hafenanlagen zu erweitern, wurde das Düsseldorfer Rheinufer auf breiter Front vorverschoben und die Golzheimer Insel zugeschüttet. Das Grundstück, das die Stadt angeboten hatte, lag auf dieser ehemaligen Insel, die sich zwischen Oberkasseler und Theodor-Heuss-Brücke befand. Zwischen 1889 und 1905 schüttete die Stadt den Rheinarm zu, um das Areal städtebaulich zu entwickeln. Auf ihrem Gelände fand die Industrie- und Gewerbeausstellung für Rheinland, Westfalen und Kunstausstellung Düsseldorf 1902 statt, die sich als Konkurrenz zur Pariser Weltausstellung verstand und von über fünf Millionen Menschen besucht wurde. Die Neubauten der Bezirksregierung (1907-1911) und des Oberlandesgerichts (1906), das tatsächlich wie von Marx gefordert, auf der Cecilienallee eröffnete, fassten das Ausstellungsgelände würdevoll ein.

Indem Marx das alte Jesuitenkloster nun für die Stadt in Anspruch nahm, konnte er ein gleichzeitiges Problem der Stadtverwaltung entschärfen. Das Wachstum der Stadt und die Diversifizierung der Verwaltung zeitigten

21

ähnliche Konsequenzen wie sie auch die Bezirksregierung spürte: dringender Platzmangel. 1884 war der Rathausbereich mit dem so genannten Westhofenbau massiv erweitert worden. Dass mit diesem Bau, der nie in seinem ganzen Ausmaß verwirklicht wurde, das Raumproblem trotzdem nicht dauerhaft gelöst werden konnte, war absehbar. Durch die nun frei werdenden Gebäude zwischen Andreas- und Mühlenstraße konnte die Stadtverwaltung rathausnah weiteren Büroraum hinzugewinnen. Von 1911 an, nach dem Umzug der Regierung in den schlossartigen Neubau an der Cecilienallee, zeichnete also die Stadt für das ehemalige Jesuitenkloster verantwortlich.

21 Stuckelement im Flügel Mühlenstraße, um 1960.

22 Die neue Bezirksregierung an der Cecilienallee, um 1925.

Bezirksregierung Düsseldorf, Cecilienallee

Schlossartig thront das Gebäude der Bezirksregierung an der Cecilienallee. Nachdem die alten Räumlichkeiten des Regierungspräsidiums beiderseits der Mühlenstraße zu eng geworden waren, entstanden zwischen 1907 und 1911 ein repräsentativer, neobarocker Neubau an der so eben befestigten Golzheimer Insel. Gegenüber war 1906 der Kaiser-Wilhelm Park, heute Rheinpark entstanden, nach Norden angrenzend ließ sich 1910 das Oberlandesgericht in einem schmucken Neubau nieder. Auf der Spitze des 115 Meter langen Gebäudes thront der preußische Adler und hält Wacht am Rhein. Auch im Innern setzt sich die äußere Monumentalität fort: Neben aufwändigen Wandgemälden Düsseldorfer Künstler wie Max Clarenbach beeindruckt das große Treppenhaus, welches sich am Escalier des Ambassadeurs des Versailler Schlosses orientiert. Nach wie vor wird das Gebäude durch die Bezirksregierung Düsseldorf genutzt. ○

23

23 *Prägten über Jahrzehnte die Mühlenstraße: das Amts- und Landgericht (links), die alte Kunsthalle (Mitte) und das Stadthaus (rechts), um 1926.*

24 *Das Stadthaus um 1911 mit Straßenbahn.*

Das Stadthaus zwischen Kaiserreich und Diktatur 1906-1934

Mit der Übernahme des Gebäudekomplexes kehrte aber keineswegs Ruhe in die Geschichte des Hauses ein. Bis städtische Dienststellen einzogen, dauerte es noch bis 1913. Gleich zu Beginn des Ersten Weltkrieges fiel der Anlage eine zentrale Rolle zu. In den Adressbüchern der Stadt werden als erste städtische Behörden neben der städtischen Bekleidungsstelle und dem Versicherungsamt verschiedene Polizeiämter genannt, die von ihren alten Standorten an die Mühlen- und Andreasstraße zogen. Die Gewerbepolizei bezog Räume in der Andreasstraße, während ein Großteil der Kriminalpolizei in die Mühlenstraße 31 zog. Lediglich das Kriminalkommissariat I verblieb am alten Standort an der Zollstraße. Dort diente das Grupellohaus noch einige Zeit als Sitz der Polizei. 1914 war ebenfalls die Politische Polizei in die Andreasstraße 4 eingezogen. Ihr Aufgabenspektrum umfasste die Kontrolle der Presse, Anmeldungen von Versammlungen, Überwachung von Ausländern, Ausstellung von Legitimationspapieren, aber auch die Handhabung von Streiks und Aussperrungen. Als Ausweichquartier wurden 1913 auch Räume an der Mühlenstraße für die Stadt- und Landesbibliothek genutzt, da ihre Räume am Friedrichplatz (heute Grabbeplatz, Bereich des K20) nicht mehr ausreichten. Seit 1915 nutzte auch der städtische Polizeidezernent und spätere Oberbürgermeister Robert Lehr (1883-1956) Büros im Stadthaus.

24

25

Der Erste Weltkrieg veränderte das Leben in Düsseldorf von Grund auf. Aus der lebendigen, pulsierenden Stadt, der gerne das nicht ganz positiv zu verstehende Attribut „amerikanische Stadt“ gegeben wurde, wurde eine Rüstungs- und Lazarettstadt. Zwar gingen mit der Ausrufung des Kriegszustandes weitreichende Kompetenzen an den Regierungspräsidenten und die Militärverwaltung über, doch auch auf die Stadtverwaltung kamen zusätzliche Aufgaben zu. So kam es unmittelbar vor Kriegsausbruch in Düsseldorf zu Antikriegsdemonstrationen, zu denen von sozialdemokratischer Seite aufgerufen wurde. Die sozialdemokratische „Düsseldorfer Volkszeitung“ glaubte, „dass die Masse des Volkes den Frieden will“, und sah sich darin durch die zwölf sozialdemokratischen Kundgebungen am 29. Juli 1914 bestätigt, bei denen bis zu 20.000 Teilnehmer gegen einen möglichen Krieg Stellung bezogen. Die sich anschließend trotz Verbots organisierenden Demonstrationen wurden rasch durch die Polizei aufgelöst. Bereits einen Tag später wurde der Kriegszustand verhängt. Die Versammlungs- und Pressefreiheit wurde de facto aufgehoben. Die Volkszeitung, die weiterhin kritische Anmerkungen zum Krieg druckte, wurde durch das Generalkommando unter Vorzensur gestellt. Durchzuführen war diese Maßnahme durch die Polizei, der die Korrekturfahnen fortan vorzulegen waren. Der damalige Oberbürgermeister Adalbert Oehler (1860-1943) hielt dazu fest, dass der zuständige „Polizeiinspektor Gauer jeden Tag einen erheblichen Teil seiner dienstlich schon übermäßig in Anspruch genommenen Zeit und Arbeitskraft auf dieses aufmerksame, anstrengende und ermüdende Durchlesen der Zeitung aufwenden müsse.“ Der Spielraum der Politischen Polizei, deren Leiter jener Gauer war, war subjektiv dehnbar. Offene Kritik übte die Zeitung kaum, wodurch Beanstandungen in der persönlichen Wahrnehmung des Inspektors begründet waren. Neben der Zeitung gerieten ab September 1915 auch zunehmend Mitglieder der SPD ins Visier der politischen Polizei. Die gesellschaftliche Unruhe nahm zu.

Die Belastung der Polizei stieg zudem durch eine während des Krieges wachsende Kriminalität. Zuhälterei, Prostitution, Diebstahl, Bettelei und Einbruchdiebstahl nahmen erheblich zu. So stieg die Zahl der Einbrüche von 75 im Jahre 1914 auf 5.121 im letzten Kriegsjahr. Als Konsequenz verstärkte sich die Polizei bereits 1914/15 um eine 438 Mann starke Bürgerwehr, die für Streifendienste, Objektschutz und Kontrollen eingesetzt wurde. Hierbei griff die Verwaltung auch auf pensionierte Polizisten zurück. Mit zunehmender Kriegsdauer und einer sich verschlechternden Versorgungslage mehrten sich jedoch auch Anzeichen von Auflösungserscheinungen.

1915 hatte eine größere Anzahl städtischer Dienststellen Quartier im Stadthaus bezogen. Unter der Adresse Mühlenstraße 29 waren die Kranken-, Unfall, Invaliden- und Angestelltenversorgung ebenso zu finden wie das Lebensmittel- oder das Hochbauamt. Das städtische Fundbüro und die Vergabestelle für Wandergewerbe-

26

27

25 Luftbild der Innenstadt, links ist der Gebäudekomplex Stadthaus zu erkennen, gegenüber das Gericht.

26 Kriegsunterstützungskasse in der Mühlenstraße während des Ersten Weltkrieges.

27 Der große Hof wurde während des Ersten Weltkrieges als Metallsammelstelle genutzt.

scheine hatten ihre Büros an der Andreasstraße 4/8.

Lehrs Büro im späteren Stadthaus war zugleich auch das Zentrum einer halb öffentlichen, halb privaten Einrichtung, der „Zentralstelle für freiwillige Liebesdienste". Diese wurde am 3. August 1914 eingerichtet, nachdem etliche Vereine, hier besonders die verschiedenen Frauenvereine, sich für einen ehrenamtlichen Dienst zur Unterstützung des Krieges karitativ engagierten. Die Zentralstelle sollte die Arbeit dieser Vereine koordinieren. Sehr schnell expandierte sie, baute sich organisatorisch aus, sammelte Spenden, kümmerte sich um Verwundete und Kinder, deren Väter an der Front gefallen waren. So eifrig die Zentralstelle auch arbeitete und gegen Ende des Krieges die Arbeit von fast 180 Vereinen und Organisationen koordinierte, die professionelle Arbeit von nicht ausreichend vorhandenem Personal in der Kranken- und Sozialfürsorge konnte sie nicht ansatzweise kompensieren. Zudem zerfaserte sie sich in eine Vielzahl von Abteilungen mit unterschiedlichen Aufgaben. Mitte 1917 umfasste die Zentralstelle 35 Haupt- mit 30 Unterabteilungen! Um es mit den Worten Oehlers zu sagen: „Für jeden, der helfen wollte, für jeden Verein wurde ein geeignetes Arbeitsfeld ausfindig gemacht."

Eine weitere unmittelbare kriegsunterstützende Funktion nahm der Gebäudekomplex ab Mai 1915 wahr, als in den Räumen der Polizeiverwaltung neben einer zweiten Stelle im Hafen eine zentrale Abgabestelle für Metalle eingerichtet wurde. Das Kriegsministerium ordnete zu diesem Zeitpunkt die Beschlagnahmung von kriegswichtigen Metallen wie Kupfer, Messing, Nickel, Zinn und Aluminium an. Zunächst mussten Unternehmen und Personen ab einer Höchstgrenze das Material abliefern, ab Juli 1915 wurden die Richtlinien zur Beschlagnahmung verschärft. Bis zum 16. Oktober konnten die Materialien freiwillig in den zwei dafür eingerichteten Sammelstellen abgegeben werden. Als Erstattung erhielten die Eigentümer eine Auszahlung des Metallwertes. Bis zum Fristende lieferten 41.650 Personen insgesamt 162.506 Kilogramm Metall ab. Damit rangierte die Abgabefreudigkeit Düsseldorfs deutlich vor Hamburg und Leipzig. Danach erfolgte zwischen November 1915 und März 1916 die zwangsweise Beschlagnahmung. Insgesamt stellte die Beschlagnahmung einen tiefen Eingriff in die wirtschaftliche und kulturelle Struktur der Stadt dar. Neben banal wirkenden Dingen, wie Bierkrugdeckel aus Zinn, Kerzenständern und Konservendosen, waren es auch Blitzschutzanlagen, Regenrohre, Dachrinnen, Kupferdächer oder Destillieranlagen. Durch ihr Fehlen nahmen Schäden an Häusern und Betriebsanlagen zu, der ausgezahlte Metallwert entsprach weder dem tatsächlichen Wert noch dem späteren Wiederanschaffungswert. Zudem gaben viele Familien ihr Familiensilber und andere Erbstücke ab, ein emotionaler Verlust, der sich im Kunstbereich fortsetzte: Kunstdenkmäler, Kirchenorgeln und auch 79 Glocken aus Düsseldorfer Kirchen fielen dieser verzweifelten Kriegsmaßnahme zu Opfer.

Die Wirren der Revolution 1918/1919

Im Zuge des Kriegsendes und der Revolution 1918/1919 rückte dann das heutige Stadthaus wieder in den Blick der Öffentlichkeit. Die Meuterei der deutschen Hochseeflotte in Wilhelmshaven und Kiel, die Versorgungskrise in der Heimat und die plötzliche Bereitschaft des Militärs, über einen Waffenstillstand zu verhandeln, ließen das alte politische System endgültig kollabieren. Innerhalb kürzester Zeit fiel die monarchische Gesellschaft in sich zusammen. Auch die städtischen Autoritäten als deren Vertreter sahen sich durch die revolutionäre Entwicklung bedroht. Im November 1918 spitze sich die Lage in Düsseldorf erstmalig zu. Revoltierende Matrosen zogen von ihren Standorten aus ins Landesinnere. Die Staatsmacht drohte die Kontrolle zu verlieren. Sprach sich Lehr als Beigeordneter für die städtische Polizei noch am 6. November bei einem Treffen mit Oberbürgermeister Oehler und Regierungspräsident Kruse für einen strikten Einsatz von Militär und Polizei gegen die Revolutionäre aus, rückte er am Folgetag davon ab, als klar wurde, dass das Militär nicht mehr uneingeschränkt loyal dem alten System gegenüber war. Stattdessen setzte man darauf, die Revolution über den Verwaltungsweg unterminieren zu können. Revolutionäre Soldaten und Matrosen erreichten dann am Abend des 8. November aus Köln kommend Düsseldorf. Verstärkt von streikenden Arbeitern zogen sie in einem Demonstrationszug zum Rathaus. Lehr hatte seine Polizei zwar vorsorglich im Präsidium Mühlenstraße zusammengezogen, als am Abend die Revolutionäre jedoch vom Rathaus zum Polizeipräsidium zogen, um es zu besetzen,

28

leisteten die Beamten auf Weisung von Lehr keinen Widerstand. Bei Verhandlungen zwischen dem neu eingerichteten Arbeiter- und Soldatenrat (ASR) und Lehr, der stellvertretend für die Stadtverwaltung handelte, konnte ein Einvernehmen hergestellt werden. Die Verwaltung arbeitete wie gewohnt weiter; besonders die Fortführung der Kriegsunterstützungskasse (Versorgung der Soldaten) mit Sitz an der Mühlenstraße und der Wohlfahrteinrichtungen waren dem ASR wichtig. Im Gegenzug sicherte der Rat die Aufrechterhaltung der öffentlichen Ordnung

Francis Kruse *(1854-1930)*

Der langjährige Regierungspräsident (1909-1919) führte den Düsseldorfer Regierungsbezirk durch schwierige Zeiten. Der gebürtige Kölner war zuvor bereits als Regierungspräsident in Bromberg und Minden aktiv, bevor er an den Rhein kam. Zu seinen großen Verdiensten zählen die Vereinheitlichung der Gas- und Elektrizitätsversorgung im gesamten Regierungsbezirk sowie die weitgehende Aufrechterhaltung der Versorgungswirtschaft während des Ersten Weltkrieges. Zudem förderte er den sozialen Wohnungsbau und 1917 die Gründung der Niederrheinischen Frauenakademie. Der Revolution 1918/19 stand er als überzeugter Monarchist ablehnend gegenüber, wirkte jedoch auf die Entwicklung deeskalierend ein, arbeitete mit den revolutionären Räten zusammen und hielt auch Kontakt zu den belgisch besetzten Gebieten aufrecht. In seine Zeit als Regierungspräsident fiel auch die Einweihung und der damit verbundene Umzug der Bezirksregierung von den Gebäuden auf der Mühlenstraße in den schlossartigen Neubau an der Cecilienallee. ○

und die Schonung des Privatbesitzes zu. Innerhalb der Revolutionäre kam es jedoch zu Unstimmigkeiten um den weitern Kurs. Der linke Flügel konnte sich zwischenzeitlich mit der Auflösung der politischen Polizei sowie der Verhaftung ihres Leiters, Gauer, und der kurzzeitigen Absetzung von Lehr durchsetzen. Zur Durchsetzung der öffentlichen Ordnung wurde zudem ein Sicherheitsregiment aufgestellt, das bis zu 1.200 Mann umfasste. Die Verwaltung arbeitete nun im Auftrag eines am 12. November 1918 neueingerichteten ASR. Damit endete die erste Phase der Revolution in der Stadt.

Streitigkeiten zwischen den verschiedenen Gruppierungen wie den Unabhängigen Sozialdemokraten, Spartakusbund und den Mehrheitssozialdemokraten, die Besetzung des linksrheinischen Düsseldorfs und Benraths durch die Belgier und Briten sowie eine Reihe nicht gelöster Versorgungsprobleme führten zu einer Verschärfung der Lage.

Der kommunistische Spartakusbund gewann zunehmend an Einfluss. Gerüchte, Oberbürgermeister Oehler wolle mit Hilfe der Belgier die Revolution niederschlagen, heizten die Stimmung auf, so dass am 7. Januar Oehler und Kruse ins linksrheinische Oberkassel flüchteten und bei den Belgiern Schutz suchten. Lehr entkam ebenfalls knapp der drohenden Verhaftung in Richtung Oberkassel. Der Spartakusbund/KPD ergriff die Macht in der Stadt. Ein Vollzugsrat „Revolutionärer Vertrauensleute“, bestehend aus Mitglieder des Spartakus/KPD, richtete eine neue Verwaltungsspitze ein. Die Revolution radikalisierte sich jedoch weiter, weshalb der Vollzugsrat zunehmend an Unterstützung in weiten Teilen der Bevölkerung verlor. Selbst die SPD sprach sich nun für ein Eingreifen des Militärs aus. So rückte am 28. Februar 1919 das „Freikorps Lichtschlag“ in Düsseldorf ein und beendete blutig die Herrschaft des Vollzugsrates. Die Revolution wurde brutal niedergeschlagen.

28 Freikorpssoldaten vor dem Tor des Polizeipräsidium, 1919.

29 Das „in Krieg und Frieden“ zwischen 1913 und 1923 errichtete ehemalige Amts- und Landgericht.

29

30 *Feierliche Einholung der französischen Trikolore am Schloss Jägerhof zum Abschluss der Rheinlandbesetzung durch französische Truppen am 25. August 1925.*

31 *Vignette des Polizeipräsidiums Düsseldorf, 1926.*

32 *Adressbucheintrag der Polizei, Mühlenstr. 29/31, 1933.*

32

3. Staatliche Polizeiverwaltung (Polizeipräsidium)

Mühlenstraße 29/31

F Sammelnummer 10215

Überfallkommando **F** 01

Dienststunden:

ab 1. 4.: Mittwochs und Samstags von 7½ bis 13½ Uhr, an den übrigen Wochentagen von 7½ bis 12¾ und von 14¾ bis 18½ Uhr;

ab 15. 10.: Mittwochs u. Samstags von 8 bis 14 Uhr, an den übrigen Wochentagen von 8 bis 12¾ und 14¾ bis 19 Uhr

Kassenstunden

ab 1. 4.: von 8 bis 12 Uhr, ab 15. 10. von 8½ bis 12½ Uhr

Außerhalb dieser Dienststunden — auch an Sonn- und Feiertagen — ist ein besonderer Bereitschaftsdienst für die Erledigung dringender Angelegenheiten eingerichtet:

für die Verwaltungspolizei auf Zimmer 6

für die Schutzpolizei auf Zimmer 107

für die Kriminalpolizei auf Zimmer 1 (Eingang B)

Gesamtleitung:

Polizeipräsident Langels

Ständiger Vertreter: Oberregierungsrat Voigt

Präsidial-Geschäftsstelle (mit Amtsmeisterei)

Leiter: Pol.-Amtmann Scheibel

Polizeikasse

(Reichsbankgirokonto, Scheckkonto Nr. 5073 Städt. Sparkasse, Düsseldorf, am Königsplatz Postscheckkonto Köln Nr. 66168)

Leiter: Pol.-Oberrentmeister Falliner

Pol.-Rechnungsrevisor: Backhaus

Leitender Polizeiarzt:

vorläufig: Pol.-Medizinalrat Dr. Baumeister, Pol.-Unterkunft, Tannenstraße 26

Polizei-Fürsorgestelle:

Leiter: Pol.-Medizinalrat Dr. Baumeister, Pol.-Unterkunft, Tannenstraße 26

Leitender Polizeitierarzt:

Pol.-Oberveterinärrat Dr. Hinz, Pol.-Unterkunft, Tannenstraße 26

Polizei-Berufsschule: Leiter: Polizei-Schulrat Kuhs

Wirtschaftsabteilung: Leiter: Polizeirat Düchting

Abteilung I

Politische Polizei (mit Polizei-Pressestelle)

Leiter: Regierungsrat Wilke

Abteilung II

Fremdenpolizei (mit Einwohnermeldeamt)

Leiter: Regierungsrat Wilke

Abteilung III

Verkehr-, Wasser- und Feuerschutz

Leiter: Polizeirat Gaul

Abteilung IV

Gewerbepolizei

Leiter: Polizeirat Ilgner

Abteilung V

Strafverfügungen, Rechtshilfesachen usw.

Leiter: Polizei-Oberinspektor Kilian

Führer der Schutzpolizei:

Polizeioberstleutnant von dem Knesebeck

Stellvertreter: Polizeimajor Salitter

Polizeiinspektion I

Führer: Polizeimajor Dr. Beyer, Polizei-Unterkunft Tannenstraße 26

Polizeiinspektion II

Führer: Polizeimajor Leon

Landjägereiabteilung

Leiter: Oberlandjägermeister Pühmeyer

Kriminaldirektion

Leiter: Kriminaldirektor Schmitz-Voigt

Stellvertreter: Kriminalrat Momberg

Kriminalinspektion I

Leiter: Krim.-Rat Momberg

Kriminalinspektion II

Leiter: Krim.-Rat Emmighausen

(Das 9. Kriminalkommissariat — Sittlichkeitsdelikte — befindet sich im Rathaus, Eingang Zollstraße, Zimmer 13)

Sitz der französischen Besatzer

Zur Ruhe kam die Stadt jedoch nicht. Am Morgen des 8. März 1921 rückten belgische, französische und englische Truppen in die Stadt ein. Hintergrund war, dass Deutschland den geforderten Reparationsleistungen der Siegermächte des Ersten Weltkrieges nicht nachkam. Um den Forderungen Nachdruck zu verleihen, besetzten die Alliierten Düsseldorf, Duisburg und Ruhrort. Durch die zusätzliche dauerhafte Stationierung der Truppen in der Stadt verschärfte sich der ohnehin prekäre Wohnungsmangel. Eine der ersten Maßnahmen der französischen Militärverwaltung, die den Belagerungszustand über Düsseldorf erklärte, war die Reduzierung der Schutzpolizei von 1.500 auf 400 Mann, sahen die Franzosen in der Polizei doch getarntes Militär. Eine weitere Schwächung der Polizei erfolgte am 10. Oktober 1923, als der französische Kommandant, General Simon, anordnete, die Stadt habe das Gebäude an der Mühlenstraße den Besatzungstruppen zur Verfügung zu stellen, ausgenommen waren lediglich die Räume, die heute durch die Mahn- und Gedenkstätte genutzt werden. Oberbürgermeister Emil Köttgen versuchte die Beschlagnahmung abzuwenden, indem er vor einem Zusammenbrechen der öffentlichen Ordnung warnte. Eine weitere Brisanz erhielt die Maßnahme durch die zeitgleich aufflammenden separatistischen Unruhen in der Stadt, die von Frankreich und Belgien indirekt unterstützt wurden und zahlreiche Todesopfer forderten. So stürmten die „Sonderbündler" genannten Separatisten am 26. Oktober 1923 die Polizeiwache 4 und töteten zwei Polizisten, einer wurde verwundet. Köttgen bot verschiedene Schulen im Stadtgebiet an. Die Militärbehörde sagte zwar die alternative Nutzung der Schule Kirchfeldstraße/Talstraße zu, setzte jedoch eine so knapp bemessene Frist zur Räumung der Schule, dass diese nicht termingerecht erfolgen konnte. „Folglich wird die Beschlagnahme des Gebäudes in der Mühlenstraße aufrechterhalten", antwortete die französische Seite. Auch das im Areal untergebrachte Stadtarchiv musste im Zuge der Beschlagnahme innerhalb kürzester Zeit seine Bestände dort entfernen und kam provisorisch im Kunstgewerbemuseum unter. Bis zum 28. Juli 1925 blieb der Komplex in französischer Nutzung. Die Stadt erhielt dafür später durch den Staat Preußen eine Entschädigung in Höhe von 20.000 RM.

31

Aber auch auf deutscher Verwaltungsseite blieb die Anlage umstritten. Da das Gebäude Mühlenstraße 29/31 nur noch durch die Polizeiverwaltung genutzt wurde, stellte ihr die Grundstücksverwaltung kurz vor der Beschlagnahmung die Gesamtmiete des Hauses in Höhe von 470.000 RM in Rechnung. In einem Gegengutachten wies die Polizei die Forderung in dieser Höhe zurück. Die Berechnungsgrundlage anhand der „Friedensmiete" von vor 1914 sei unter dem Gesichtspunkt der Besatzung und der krisenhaften Gesamtsituation nicht angemessen. Zudem sei das Gebäude eine „veralterte Anlage. Gänge, Treppenhäuser und Zimmer sind verbaut... Für den Bürobetrieb ungeeignet." Lediglich 2.119 RM hielt die Polizeiverwaltung für begründet und setzte sich schließlich durch.

Das Polizeipräsidium im Gebäude

Nach dem Abzug des französischen und belgischen Militärs im Sommer 1925 stand einer Umstrukturierung der Polizeiverwaltungen in den rheinischen Großstädten nichts mehr im Wege. Das preußische Innenministerium verfolgte offensiv das Ziel, die Polizei effizienter, moderner und professioneller und somit auch schlagkräftiger bei der „Verbrechensbekämpfung" werden zu lassen. In Düsseldorf unterstand die Polizei jedoch immer noch der Stadt und dem Oberbürgermeister, der die anfallenden Aufgaben einem Polizeidezernenten übertrug. Den Beteiligten war aber längst bewusst, dass die Polizei einer modernen Gesellschaft Ländersache sein sollte und damit aus der kommunalen Verwaltung ausgegliedert werden musste: Die alte Polizeiverwaltung als Bestandteil der Stadtverwaltung sollte zu einem staatlichen Polizeipräsidium umgewandelt werden, das fortan dem preußischen Innenministerium unterstellt sein würde.

Am 1. Juli 1926 wurde der Verwaltungsjurist Hans Langels mit dieser Verstaatlichung des Präsidiums an der Mühlenstraße beauftragt. Er wurde damit der erste Polizeipräsident Düsseldorfs – und sollte dies bis 1933 bleiben. Ein wichtiger Schritt war die Reform der einzelnen Polizeisparten, die in einer Großstadt angebracht war.

Hans Langels *(1879-1947)*

Der Krefelder Hans Langels hatte in Freiburg, München und Bonn Jura studiert und am Ersten Weltkrieg teilgenommen, bevor er 1920 Landgerichtsdirektor in Berlin wurde. Als überzeugter Demokrat und Mitglied der katholischen Zentrumspartei wurde er 1926 vom preußischen Innenministerium mit der Verstaatlichung des Düsseldorfer Polizeipräsidiums beauftragt. Somit wurde er der erste Polizeipräsident der Stadt. Langels kümmerte sich um die Aufrechterhaltung der Sicherheit und die Verbrechensbekämpfung. Er baute aber auch die Öffentlichkeitsarbeit der Behörde massiv aus, um das Bild der Polizei in der Gesellschaft zu verbessern. Am 29. April 1933 wurde Polizeipräsident Langels durch den preußischen Innenminister Hermann Göring (NSDAP) beurlaubt und später entlassen – er galt den neuen Machthabern als „politisch unzuverlässig". Sein Nachfolger wurde der SS-Führer Fritz Weitzel. Hans Langels starb 1947 in Düsseldorf.

So wurden drei Bereiche geschaffen: die uniformierte Schutzpolizei (mit Verkehrspolizei, Überfallkommandos und Reiterstaffeln sowie kasernierten Hundertschaften), die Kriminalpolizei (mit einzelnen Kriminalinspektionen auf dem ganzen Stadtgebiet und nach Deliktgruppen aufgeteilten Dezernaten) sowie eine Verwaltungspolizei. Letztere war mit Aufgaben betraut wie dem Pass- und Meldewesen, der Erteilung von Gewerbescheinen oder Schankkonzessionen und der Bauaufsicht. Zur Verwaltungspolizei zählte aber auch die Abteilung I A, die preußische Politische Polizei, deren Beamte die Aktivitäten aller rechts- und linksextremen oder sonst wie staats- und verfassungsfeindlichen Bewegungen beobachteten. Die Kriminalabteilung, die Verbrechen bekämpfte und aufklärte, war dem 1925 gegründeten „Preußischen Landeskriminalpolizeiamt" als „Landeskriminalstelle" untergeordnet. Sie war somit für die Verbrechensbekämpfung im ganzen Regierungsbezirk zuständig, soweit es sich um bedeutende Kriminalfälle handelte. Zu der umfassenden Modernisierung gehörte auch der Einsatz neuer Technologien: Die Polizei arbeitete mit Karteien, Telefonen und Fernschreibern. Spürhunde, moderne Kriminaltechnik und Spurensicherung erleichterten den Ermittlungsalltag genauso wie die Daktyloskopie (Fingerabdruckverfahren) oder die neuen Mög-

lichkeiten des Erkennungsdienstes. Mit dieser professionellen Struktur war die Düsseldorfer Polizei schon Ende der 1920er Jahre insgesamt gut aufgestellt. Doch auch die öffentliche Wahrnehmung der Polizei sollte nun verbessert, das Image des „Freund und Helfers in Uniform" aufgewertet werden. Der neue Polizeipräsident Langels hatte diese polizeiliche Öffentlichkeitsarbeit als Chance begriffen, die Modernisierung nach außen hin positiv darzustellen. 1928 gab er die Produktion des Werbefilms „Dienst am Volk" in Auftrag, der zu großen Teilen in Düsseldorf gedreht wurde und die Ausbildung und alltägliche Tätigkeit der Schutzpolizei dokumentiert. Der Film wurde 1930 uraufgeführt. Außerdem wurde im Polizeipräsidium ein kleines Kriminal- und Polizeimuseum eingerichtet, in dem die Besucher Handwerkzeuge von Einbrechern oder Waffen betrachten konnten: Nachschlüssel, Messer und Dolche, Totschläger und Schlagringe. Wie stark das Museum von der Öffentlichkeit wahrgenommen und frequentiert wurde, weiß man nicht. Die Öffnung der Gesellschaft gegenüber sagt allerdings über das moderne und demokratische Polizeiverständnis der Weimarer Zeit viel aus. Hierzu gehörte auch der mehrfach durchgeführte „Tag der deutschen Polizei", der auch in Düsseldorf begangen wurde und als eine Art „Tag der offenen Tür" betrachtet werden muss. Mit einem großen Aufmarsch der Düsseldorfer Schutzpolizei vor dem Ehrenhof am Rhein wurde im August 1929 der zehnte Jahrestag der Verkündung der Weimarer Reichsverfassung begangen. Langels und viele andere Offiziere der Schupo zeigten sich als durchaus loyale und überzeugte Demokraten sowie als Polizeibeamte eines Rechtsstaates.

34

33

33 Antritt der Schutzpolizei im großen Innenhof.

34 Übungsschießen der Polizei. Standbild aus dem Film „Dienst am Volk".

35

DIENST
AM VOLK
Herausgeber Fritz Genandt
Manuskript u. Regie
Walter Oberwinder
Hersteller Rach-Film, Düsseldorf
Darsteller
August Ehrhard · Lil Sweet
Wolfgang von Rotberg
VERTRIEB DEUTSCHES LICHTSPIEL-SYNDIKAT
ERNST
HEINRICH
DÜSSELDORF
A. BAGEL A.G.
DÜSSELDORF

35 *Plakat zum Polizeiwerbefilm „Dienst am Volk", 1929.*

36 *Der Schutzmann als „Freund und Helfer". Standbild aus dem Film „Dienst am Volk".*

37 *1927 posiert die Belegschaft der Düsseldorfer Kripo im Innenhof vor St. Andreas.*

36

37

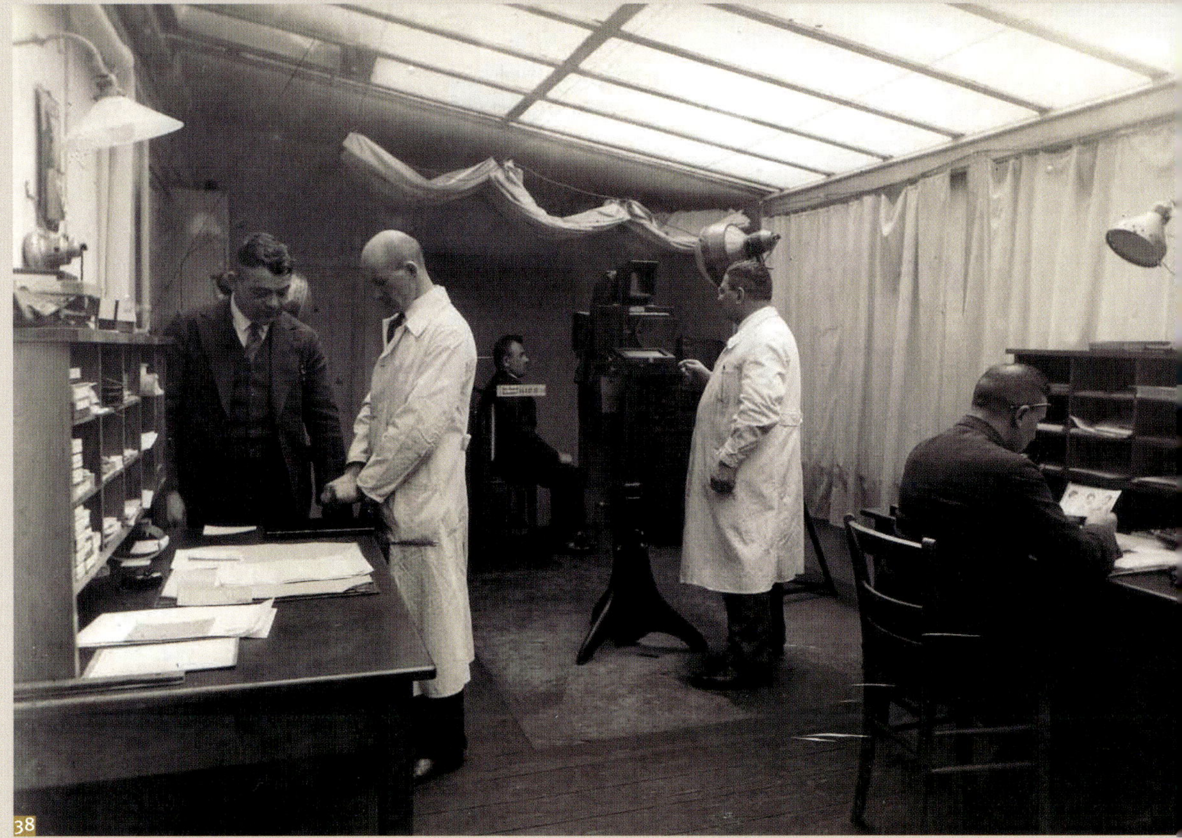

38 Gestelltes Foto der erkennungsdienstlichen und kriminaltechnischen Abteilung, 1927.

39 Der Schupo-Offizier August Rost an seinem Arbeitsplatz, um 1930.

Ernst Gennat

Rudolf Momberg

Ernst Gennat *(1880-1939)* und Rudolf Momberg *(1880-1954)*

Beide alt gedienten Kriminalkommissare waren an der Jagd auf den Serienmörder Peter Kürten beteiligt: Momberg als Düsseldorfer schaffte es nicht, Gennat wurde als Berliner Profi herangezogen.

Der auffallend beleibte Gennat, der sich in Berlin Kultstatus erworben hatte und zu einer kriminalistischen Legende wurde („der dicke Buddha vom Alexanderplatz"), verbrachte mehrere Monate im Düsseldorfer Polizeipräsidium. Auch nach 1933 blieb er politisch neutral und stand für eine liberale und moderne Kriminalistik, die viel auf Prävention und Öffentlichkeitsarbeit setzte.

Momberg hingegen machte im NS-Staat Karriere: 1936 wurde er Leiter der Düsseldorfer Kriminalpolizei. Seit 1933 NSDAP-Mitglied, wurde der Kriminalrat 1941 SS-Mitglied (Obersturmbannführer) und erhielt 1944 sogar den „Totenkopfring" als Auszeichnung. Unter seiner Leitung ging die Düsseldorfer Kripo massiv gegen Juden, „Asoziale", angebliche „Berufsverbrecher" und „Zigeuner" vor. ○

Reichsweit geriet das Präsidium 1929 und 1930 in die Schlagzeilen, weil der Serienmörder Peter Kürten in der Stadt sein Unwesen trieb. Kürten, ein Mann aus einfachen Verhältnissen, der sein Leben lang Diebstähle, einen Mord (1913), Brandstiftungen und andere Gewaltakte verübt hatte, beging zwischen Februar und November 1929 insgesamt acht Morde auf dem Stadtgebiet. Mit einem Hammer, einer Schere oder anderen spitzen Gegenständen überfiel er seine Opfer, die er würgte und sexuell missbrauchte. Doch auch nach dem Herbst 1929 riss die Serie nicht ab: Immer wieder verübte Kürten wie im Rausch Mordüberfälle und Angriffe auf junge Frauen, von denen manche schwer verletzt wurden. In der Stadt verbreitete sich eine regelrechte Hysterie: Bürger schwärzten sich gegenseitig bei der Polizei an, Männer wurden grundlos verdächtigt und die Zeitungen übertrumpften sich mit reißerischen Überschriften. Kürten handelte aus der Gier nach sexueller Befriedigung, quälte Tiere, hatte Geschlechtsverkehr mit Hunden und schlitzte im Hofgarten einem Schwan den Hals auf, um dessen Blut zu trinken. Der „Vampir von Düsseldorf" wurde durch seine Taten weltweit bekannt und inspirierte den Regisseur Fritz Lang zu seinem Kriminalfilm „M – Eine Stadt sucht einen Mörder" aus dem Jahre 1931. Dieser spielt zwar in Berlin, die Parallele zum Düsseldorfer Fall war aber offensichtlich.

Kürten konnte nicht gefasst werden, obwohl im Präsidium ein Dauerdienst eingerichtet wurde und Schupo und Kripo fast pausenlos ermittelten. Die leitenden Kriminalbeamten Paul Schmitz-Voigt und Rudolf Momberg erreichten die Grenzen der Belastbarkeit, da die Öffentlichkeit eine (zu) große Anteilnahme am Geschehen nahm und die Fälle internationales Aufsehen erregten, der Täter jedoch nicht gefasst wurde. Das preußische Innenministerium sandte zur Verstärkung den besten Ermittler, den das Berliner Präsidium zu bieten hatte: den renommierten Kriminalisten Ernst Gennat. Ihm wurde im Präsidium ein eigenes Büro zur Verfügung gestellt, von wo aus er die Ermittlungen maßgeblich professionalisierte.

Dennoch blieben die Fahndungen ergebnislos: Peter Kürten konnte erst auf einen beherzten Hinweis seiner eigenen Ehefrau hin verhaftet werden. Er wurde von einem Düsseldorfer Schwurgericht zum Tode verurteilt und im Sommer 1931 im Kölner Gefängnis Klingelpütz enthauptet.

Der Fall Kürten fiel in dieselbe Zeit, in der die Republik ihren krisenhaften Niedergang erlebte: Die Weltwirtschaftskrise zeichnete sich ab (1929), begleitet von offenen Gewaltakten und Unruhen zwischen Anhängern der NSDAP und der KPD in Düsseldorf (1930-1933) und dem „Preußenschlag“ (1932), bei dem die Reichsregierung das demokratische Kabinett Preußens entmachtete – mit ihm die gesamte preußische Polizeiführung in Berlin. Zugleich war das alte Präsidium an der Mühlenstraße für die vielen Herausforderungen und Aufgaben, die sich nun stellten, viel zu klein geworden. Das Innenministerium entschied sich zu einem Neubau. 1929 war Langels gemeinsam mit dem preußischen Innenminister Albert Grzesinski (SPD) bei der Grundsteinlegung des neuen Polizeipräsidiums am Kavallerieplatz (heute Jürgensplatz) dabei. Der Bau, der nun endlich groß genug für eine Großstadtpolizei sein sollte, konnte erst vier Jahre später vollendet werden; die Polizei begann mit dem Umzug im Winter 1933/34. Zum 31. März 1934 kündigte die Polizei bei der Stadt und bezog das neue Präsidium. Inzwischen war die Polizei zu einem gewichtigen Faktor der Machtsicherung der Nationalsozialisten geworden.

40

41

40 + 41 Das kleine „Kriminalmuseum“ im alten Präsidium sollte über die Aufgaben der Polizei, aber auch über Verbrecher und ihre Methoden informieren, 1928. Hier wurden Nachschlüssel, Revolver und Totschläger, alte Uniformen und Tatortfotos präsentiert.

42

42 Aktendeckel der Ermittlungsunterlagen im Fall des Serienmörders Peter Kürten.

43 Die Opfer des Düssedorfer Serienmörders, 1929.

44 Menschenauflauf vor dem Präsidium, 1933.

Ein Ort des Terrors: Das Stadthaus im Nationalsozialismus

Nach der Ernennung Hitlers zum Reichskanzler entwickelte sich der Gebäudekomplex an der Mühlenstraße zu einem machtpolitischen Zentrum, von wo aus die „Machtergreifung“ der Düsseldorfer Nationalsozialisten gesteuert und betrieben wurde. Es war den Nationalsozialisten klar, dass sie zunächst die Polizei unter ihre Kontrolle bringen musste, um die politischen Gegner einzuschüchtern, auszuschalten und systematisch verfolgen zu können. Schon Mitte Februar 1933 hatte der kommissarische preußische Innenminister Hermann Göring (NSDAP) die Polizeikräfte angewiesen, mit den „nationalen Verbänden“ SA und SS zusammen zu arbeiten und gemeinsam mit ihnen rücksichtslos insbesondere gegen Kommunisten vorzugehen – auch mit Waffengewalt. Am 22. Februar begründete er per Erlass eine „Hilfspolizei“, die sich aus Angehörigen der SA, der SS und des rechtsradikalen „Stahlhelm“ zusammensetzte und zusammen mit der Schutzpolizei Verhaftungen und Razzien durchführen sollte. Neben vielen anderen Orten in der Stadt war es vor allem das Polizeipräsidium, in dem Kommunisten, Sozialdemokraten oder Gewerkschafter in diesen Monaten zusammengetrieben und inhaftiert wurden. Der Schauspieler und Regisseur Wolfgang Langhoff, der am Schauspielhaus Düsseldorf arbeitete und der Kommunistischen Partei nahestand, berichtet besonders anschaulich von seiner Festnahme Ende Februar 1933: „Im Hof des alten Polizeipräsidiums war Hochbetrieb.

Wolfgang Langhoff *(1901-1966)*

Der Berliner Wolfgang Langhoff gehörte seit 1928 zum Ensemble des Schauspielhauses Düsseldorf und der Städtischen Bühnen. Gleichzeitig engagierte er sich bei der KPD und übernahm die künstlerische Leitung der 1930 gegründeten kommunistischen Agitprop-Gruppe „Nordwest-ran". Am 28. Februar 1933 wurde er in seiner Wohnung wegen „Vorbereitung zum Hochverrat" verhaftet und zunächst in Polizeipräsidium an der Mühlenstraße gebracht. Dort erlebte er die Auswirkungen der ersten Verhaftungswellen, sah die misshandelten Gefangenen. Er selbst kam über das Düsseldorfer Gefängnis Ulmer Höh' in das berüchtigte KZ Börgermoor. Dort war er zusammen mit dem Düsseldorfer Rudi Goguel an der Entstehung des berühmten „Moorsoldatenliedes" beteiligt. 1934 entlassen, emigrierte Langhoff in die Schweiz, wo er das Buch „Die Moorsoldaten" über seine Haftzeit verfasste. Nach Kriegsende kehrte er kurzzeitig an die Düsseldorfer Bühnen zurück, ehe er nach Ostberlin ging, um dort die Leitung des Deutschen Theaters zu übernehmen. ○

45 *Aufmarsch der Schutzpolizei vor dem Polizeipräsidium, 1933.*

Überfallwagen fuhren herein und hinaus. Polizisten rannten im Eilschritt aus dem Tor. Hunderte von S.A.-Männern standen in den erleuchteten Räumen zu ebener Erde. Sie trugen ihre braunen Uniformen und Gummiknüppel und Revolver am Gürtel. Als ich in die Wachstube geführt wurde, kamen gerade zwei S.A.-Männer über den Flur, und einer rief meinem Begleitpolizisten zu: ‚Schieß doch das Arschloch über den Haufen. Dann hast du nicht soviel Scherereien!'" Dann wurde Langhoff in eine Zelle gesperrt. „In der Ecke stand blutüberströmt und mit zerrissenem Hemd ein Mann. Seine Augen waren aufgeschwollen. Aus Nase und Mund lief Blut und quer über die Stirn zog sich ein dicker, dunkler Streifen. Er lächelte uns an und fuhr sich mit dem Ärmel über das Gesicht. Draußen verhafteten die Nationalsozialisten ihre Gegner." Langhoff wurde später in das Justizgefängnis Derendorf überstellt und danach in das neue KZ Börgermoor im Emsland verschleppt. Insgesamt sind im Frühjahr und Sommer 1933 hunderte politische Gegner auf diese Weise im Polizeipräsidium verhaftet und misshandelt worden.

Verantwortlich waren neben den einfachen SA-Männern und den Schutzpolizisten vor allem einige zentrale Polizeifunktionäre: Hans Stieler von Heydekampf, der damalige „Höhere Polizeiführer im Westen" für die Provinzen Rheinland und Westfalen, Gaston von Chaulin-Eggersberg, der Kommandeur der Düsseldorfer „Hilfspolizei", sowie der SA-Führer Hermann Lohbeck waren die Hauptverantwortlichen für diesen frühen Terror. Dennoch galt den Nationalsozialisten die Polizei immer noch zu sehr „durchsetzt" mit Demokraten und Republikanern. Das „Gesetz zur Wiederherstellung des Berufsbeamtentums" vom 7. April 1933 ermöglichte es, Beamte zu entlassen, die als „politisch unzuverlässig" oder „nichtarisch" galten. Doch noch wichtiger waren zunächst das Ausscheiden des Polizeipräsidenten Hans Langels und die schnelle Installation eines nationalsozialistischen Behördenleiters an seiner statt. Das preußische Innenministerium löste dieses „Problem" Ende April mit einem einfachen Funkspruch: Langels, der Mitglied der katholischen Zentrumspartei war, wurde auf persönliche Weisung Hermann Görings „mit sofortiger Wirkung" entlassen.

Zum neuen Polizeipräsidenten und damit zum neuen Hausherren an der Mühlenstraße ernannte Göring den vorbestraften SS-Führer Fritz Weitzel. Der 29-jährige Schlossergeselle hatte die SS im Rheinland mit aufgebaut und war ein enger und langjähriger Freund Heinrich Himmlers. Weitzel erklärte gegenüber der Presse deutlich: „Ich werde immer zuerst Gruppenführer bleiben und dann erst Polizeipräsident sein." Mit seiner Ernennung erreichte die Terrorwelle gegen politische Gegner, später auch gegen weitere Bevölkerungsteile, eine enorme Dynamik und eine weitere Brutalisierung. Weitzel ließ schon in seinen ersten Dienstwochen große Festnahmeaktionen durch die Schutz- und Hilfspolizei durchführen, unter anderem gerichtet gegen die Kommunisten im Gerresheimer Glashüttenviertel, in Bilk oder in Rath, aber auch gegen die Gewerkschaften und die Düsseldorfer Sozialdemokraten. Mit der Aufnahme der Dienstgeschäfte durch Weitzel war das alte Polizeipräsidium innerhalb weniger Wochen zu einem wahren Machtzentrum der Nationalsozialisten in der Stadt geworden. In den Folgejahren orchestrierte er – inzwischen vom neuen Polizeipräsidium am Mackensenplatz aus – seine Verfolgungs-

Fritz Weitzel *(1904-1940)*

Der in Frankfurt am Main geborene SS-Führer und gelernte Schlosser war seit Ende der 1920er Jahre in Düsseldorf und baute hier die SS auf. Am 1. Mai 1933 wurde er zum neuen Polizeipräsidenten Düsseldorfs ernannt. Damit war er nicht nur Behördenleiter im Präsidium an der Mühlenstraße, sondern auch Dienstherr über die gesamte Düsseldorfer Polizei, die während der „Machtübernahme" die politischen Gegner mit einer beispiellosen Terrorwelle überzog. Auf Befehl Weitzels wurden hunderte kommunistischer Funktionäre verhaftet und misshandelt. Seinen Mangel an polizeilicher Erfahrung oder an Verwaltungskenntnissen versuchte er durch Brutalität und „politische Zuverlässigkeit" zu kompensieren. Weitzel übernahm noch weitere hohe SS- und Polizeifunktionen in Rheinland und Westfalen, ehe er 1940 bei einem Bombenangriff auf Düsseldorf tödlich verletzt wurde. ○

kampagnen gegen Bettler, Homosexuelle und angeblich „Asoziale", gegen den katholischen Klerus, die Düsseldorfer Sinti oder die jüdische Bevölkerung.

So berichtete ein im März 1933 verhafteter Düsseldorfer Jude über seine Festnahme und Inhaftierung: „Ich wurde am 15. März des Jahres [1933] in Düsseldorf verhaftet. Den Grund meiner Verhaftung erfuhr ich erst zwei Tage später, nachdem ich bereits wiederholt vernommen bzw. verprügelt worden war. Die Verhaftung geschah durch einen Kriminalbeamten und einen Polizeispitzel, dessen Namen ich leider vergessen habe. Die erste Vernehmung erfolgte durch den Kriminalsekretär Höhne, der mir einfach erklärte, ich hätte mich staatsfeindlich betätigt, ohne jedoch überhaupt einen Beweis für seine Behauptung zu haben; lediglich eine Zeitung, in der ein Artikel stand über die ungeheuren Terrormaßnahmen der SA und SS, fanden sie bei mir vor. Mir wurde dann erklärt, und zwar in einem kurzen Schreiben, das ich heute noch besitze, daß ich gemäß Paragraph I der Verordnung vom 28. Februar 1933 bis auf weiteres in Schutzhaft genommen werde. Unter diesem Vorwand ließ man mich bis zum 14. September 1933 in Haft.

Die Vernehmung und die Kreuzverhöre verliefen im Vergleich mit den nachfolgenden Untersuchungen durch die Nazi-Beamten bis auf einige Beschimpfungen der jüdischen Rasse harmlos. Man drohte mir jedoch bei Verweigerung meiner Aussagen Zuchthaus an, aber mißhandelt wurde ich von diesen Beamten nicht. Die erste Nacht meiner Verhaftung verbrachte ich in einer ganz kleinen, dunklen und vollständig nassen ‚Zelle', ohne Decken, nur auf einer stinkenden Pritsche, nachts wurde ich in eine ‚Zelle' überführt, in der Zuhälter und sonstige Verbrecher hausten. Auf meine Beschwerde bei dem zuständigen Beamten wurde mir erklärt, ich solle nach Palästina gehen oder hier verrecken, das Asyl hier sei noch viel zu gut für mich, schade, daß man keine Schweine hier hätte, sonst würde ich zu diesen Tieren kommen, denn ich gehöre derselben Rasse an. Zu essen bekam ich überhaupt nichts."

Recht schnell nach dem Machtwechsel wurden im Frühjahr und Sommer 1933 verstärkt polizeiliche Razzien auf Obdachlose und Prostituierte durchgeführt, die als „Asoziale" durch „Schnellgerichte" in ein „Arbeitshaus" eingewiesen wurden. Über die Zielsetzung, bürgerliche Moralvorstellungen zu erzwingen, hieß es in einem Bericht über die Razzien auf Prostituierte im April 1933:

„Die nationale Erhebung unserer Tage erweist sich gerade dadurch als die deutsche Revolution, daß sie im Zuge ihres Vernichtungskampfes gegen Entartungserscheinungen in jeder Form auch das Dirnen-, Zuhälter- und Kupplerwesen auszurotten gewillt ist. Auch in Düsseldorf ist diese Säuberungsaktion in vollem Gange."

Während der sogenannten „Bettlerwoche" vom 18. bis zum 25. September 1933 führten Polizei, SA und SS schließlich eine reichsweite Razzia gegen „Bettler und Landstreicher“ durch, bei der rund 10.000 Menschen verhaftet und in Konzentrationslagern inhaftiert wurden. In Düsseldorf wurden im Rahmen dieser Aktion auch vereinzelt Sinti und Roma als „Gefahr für die öffentliche Sicherheit“ verhaftet und in das Konzentrationslager Brauweiler bei Pulheim eingeliefert.

Neben Kriminal- und Schutzpolizei wurden bereits früh Maßnahmen des nationalsozialistischen Staates durch die dem Düsseldorfer Polizeipräsidium zugehörige Verwaltungspolizei umgesetzt. So wurde etwa durch die Düsseldorfer Gewerbepolizei unmittelbar im Anschluss an die Machtübernahme mit Konzessionsentzug gegen bekannte Lokale mit homosexuellem Publikum vorgegangen: Noch bevor am 23. Februar 1933 ein die „Schließung von Gaststätten“ betreffender Erlass des preußischen Innenministers an die Polizeibehörden ergangen war, wonach ausdrücklich auch Gaststätten mit Publikum aus „den Kreisen, die der widernatürlichen Unzucht huldigen“, die Schankerlaubnis entzogen werden sollte, waren diese Lokale in Düsseldorf bereits geschlossen.

46 *Martialisch inszenierten sich die Nationalsozialisten in ihrer Zeitung „Volksparole“, die hier 1933 über einen angeblichen „bolschewistischen Feuerüberfall“ in Bilk berichtet.*

...n dem bolschewistischen Feuerüberfall in Düsseldorf-Bilk

Ein weiteres Todesopfer – Ein Augenzeuge berichtet

Freifahrt zum Polizeipräsidium.

... ein Augenzeuge

Eine Bitte an die Polizei

Ein tapferer Polizeihauptmann

47 *Das neue Polizeipräsidium am Mackensen-Platz, heute Jürgensplatz.*

Polizeipräsidium Düsseldorf

1929 wurde der Grundstein für das neue Düsseldorfer Polizeipräsidium gelegt. Die Räume im ehemaligen Jesuitenkolleg an der Mühlenstraße genügten schon lange nicht mehr den Ansprüchen. Vier Jahre später erfolgte dann der Umzug in den neuen Gebäudekomplex, der an der Stelle der alten Kavalleriekasernen errichtet worden war. Während der NS-Diktatur war das Polizeipräsidium in erster Linie ein Ort der Verfolgung, aber auch im April 1945 ein Ort des Widerstandes. Die Widerstandsgruppe um Aloys Odenthal und Karl Wiedenhofen konnte mit der Unterstützung des damaligen Kommandanten der Schutzpolizei Franz Jürgens von hier aus die kampflose Übergabe Düsseldorfs an die Amerikaner beginnen. Jürgens und fünf andere Widerstandskämpfer mussten dafür noch am letzten Kriegstag in Düsseldorf mit dem Leben bezahlen. In Erinnerung daran wurde der Platz am Präsidium 1945 in Jürgensplatz umbenannt. Der Düsseldorfer Künstler und ehemalige Polizist Anatol verdeckte 1984 den hakenkreuzgeschmückten Adler am Eingang durch eine Tafel mit der Aufschrift „Vor dem Gesetz sind alle Menschen gleich“. Am Polizeipräsidium steht auch die zweite Stele des „Weges der Befreiung“, der die Stationen von Odenthal und Wiedenhofen auf dem Weg zu den amerikanischen Linien erläutert. ○

48

48 *Aufmarsch der Düsseldorfer Polizei, um 1938.*

49 *Der Plan zeigt die unterschiedliche Nutzung des Gebäudes in der NS-Zeit. Rot: Stadtpolizeiamt, blau: unterschiedliche Wehrmachtsdienststellen*

Durch die Gewerbepolizei wurden außerdem Maßnahmen zur ideologischen Ausrichtung auf die Ziele des Nationalsozialismus ergriffen, indem beispielsweise von den vor der Machtübernahme noch existierenden rund 200 privaten Leihbüchereien bis Herbst 1934 bereits 109 geschlossen wurden. Daneben verweigerte die Gewerbepolizei beispielsweise Reiselegitimationskarten oder Wandergewerbescheine aus politischen oder „rassischen" Gründen.

Bereits im Anschluss an den Boykott jüdischer Geschäfte am 1. April 1933 wurde die Aushändigung von Reisepässen an Juden verweigert und darüber hinaus geprüft, welche Personen jüdischer Abstammung im Besitz von Reisepässen waren. Juden aus Düsseldorf sollten auch mit einem gültigen Auslandspass die Reichsgrenze nicht überschreiten dürfen.

Antijüdische Maßnahmen gingen darüber hinaus recht früh von der Düsseldorfer Ausländerpolizei aus: So genannte „Ostjuden" ausländischer Staatsangehörigkeit, die bis zur Machtübernahme eine unbefristete Aufenthaltserlaubnis besaßen, wurden im Sommer 1933 polizeilich vorgeladen und erhielten nun nur noch Genehmigungen, die ihren Aufenthalt auf drei bis sechs Monate beschränkten. Auch die Erteilung oder Verlängerung einer Arbeitserlaubnis wurde nun immer häufiger verweigert, und darüber hinaus zahlreichen in Düsseldorf lebenden „Ostjuden" seit März 1933 durch das Polizeipräsidium die Aufenthaltserlaubnis entzogen und die Aufforderung zugestellt, das Reichsgebiet zu verlassen.

Die Gestapo im Präsidium

Die Verfolgung politischer Gegner wurde durch die schon vor 1933 beim Düsseldorfer Polizeipräsidium mit „politischen Angelegenheiten" befasste „Abteilung IA" übernommen, welche Ende Oktober 1933 als „Geheime Staatspolizei" (Gestapo) verselbstständigt wurde. Im Februar 1933 erhielt die politische Polizei in Düsseldorf einen neuen Leiter, den Nationalsozialisten Franz Sommer, der sie zur Keimzelle der Gestapo im Regierungsbezirk ausbaute. Die Abteilung IA verfügte über erfahrene Spezialisten, die angesichts der zu erwartenden Erweiterung ihrer Dienststelle offenbar Karriere zu machen hofften und sich dem Regime zur Verfügung stellten. Die Abteilung besaß ferner einschlägiges Aktenmaterial, Karteikarten und einen Stamm von V-Leuten, auf den die spätere Gestapo Düsseldorf aufbauen konnte. Daneben wurden recht bald die Nachrichtendienste der NSDAP-Formationen, wie das „Ie Referat" der SA-Gruppe Niederrhein, das „A-Referat" der Düsseldorfer „Nationalsozialistischen Betriebszellenorganisation" und der „Sicherheitsdienst" der SS in die Arbeit eingebunden, die bereits intensive Feststellungen über die politische Linke getroffen und ihrerseits Spitzel in Widerstandsorganisationen eingeschleust hatten.

49

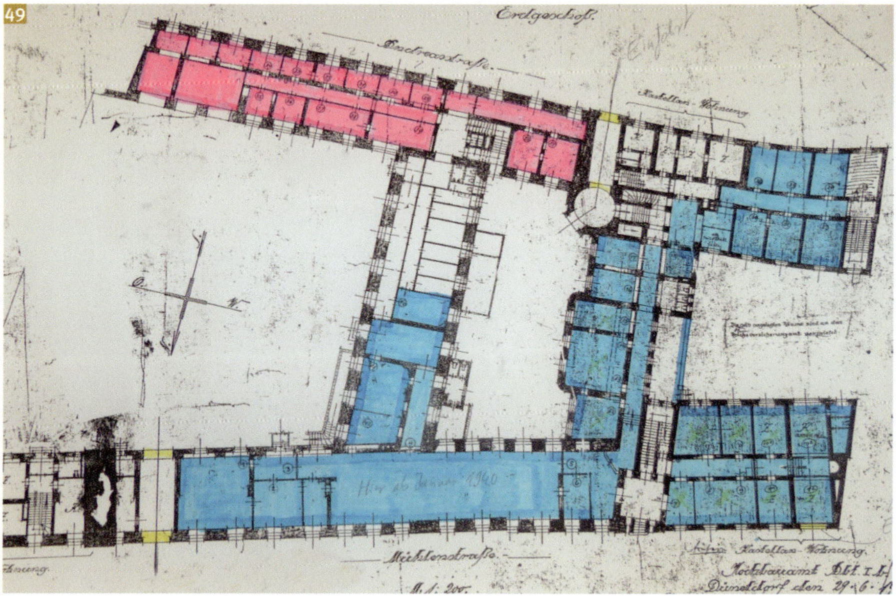

Mit welcher Intensität die Repression durch die Gestapo erfolgte, wird durch unzählige seit dem Reichstagsbrand eingeleitete „Schutzhaftverfahren" deutlich, die ohne Möglichkeiten des Widerspruchs eine in der Regel unbefristete Inhaftierung in einem Konzentrationslager zur Folge hatten. Im Sommer 1934 umfasste die „Schutzhaftkartei" bereits 10.000 Karteikarten von Häftlingen aus dem Regierungsbezirk Düsseldorf.

Durch das am 26. April 1933 erlassene „Gesetz über die Einrichtung eines Geheimen Staatspolizeiamtes" wurde der organisationsrechtliche Rahmen für die Übernahme von „Aufgaben der politischen Polizei neben oder an Stelle der ordentlichen Polizeibehörden" in einer völlig neuen Institution geschaffen. Das Geheime Staatspolizeiamt (Gestapa) in Berlin erhielt den Rang einer Landespolizeibehörde und unterstand unmittelbar dem preußischen Ministerpräsidenten. Durch die Ausführungsbestimmungen und einen Runderlass vom gleichen Tage wurden schließlich die Aufgaben und die organisatorische Einbindung näher geregelt. Die wichtigste Anordnung betraf die Errichtung von nachgeordneten „Staatspolizeistellen" in den Regierungsbezirken, wo sie die Aufgaben der politischen Abteilungen der staatlichen Polizeiverwaltung bei den Bezirksregierungen übernahmen, dem sie vorerst noch formal angegliedert waren. Durch einen Erlass der Gestapo wurde die Staatspolizeistelle Düsseldorf mit Wirkung vom 23. Oktober 1933 vom Polizeipräsidium Düsseldorf organisatorisch abgetrennt.

Durch das unmittelbar auf den Gründungserlass der Staatspolizeistelle Düsseldorf folgende „Gesetz über die Geheime Staatspolizei" vom 30. November 1933 wurde die Gestapo schließlich „zum selbstständigen Zweig der inneren Verwaltung" erklärt und direkt dem preußischen Ministerpräsidenten unterstellt. Der Gestapo wurde Weisungsbefugnis gegenüber den Landes-, Kreis-, und Ortspolizeibehörden zugebilligt. Durch den Runderlass vom 14. März 1934 wurde schließlich eindeutig bestimmt, dass die Staatspolizeistellen aus ihrem bisherigen organisatorischen Zusammenhang mit der Bezirksregierung herausgelöst und zu selbstständigen Behörden der Gestapo bestellt wurden.

Die Gestapo Düsseldorf zog Mitte März 1934 in das Gebäude des Regierungspräsidiums an der Cecilienallee, während im Gegenzug das zur Bezirksregierung gehörende Oberversicherungsamt und das angeschlossene Versorgungsgericht vom Regierungsgebäude in das vormalige Düsseldorfer Polizeipräsidium an der Mühlenstraße umzog. Dort blieb das Oberversicherungsamt bis Anfang Juli 1935, bevor es abermals verlegt wurde, um nun Platz für den Einzug der Heeresstandortverwaltung zu machen.

Bis zum Zeitpunkt des Umzuges in das Regierungspräsidium war der Apparat der Gestapo wesentlich ausgebaut worden und infolgedessen erheblich personell angewachsen: Gemäß einem von der Staatspolizeistelle aufgestellten Geschäftsverteilungsplan vom 31. März 1934 war die Gestapo nun in drei Abteilungen unterteilt:

einer Abteilung Organisation und Verwaltung, einer Juristischen Abteilung sowie einer in vier Kommissariate aufgegliederten Exekutivabteilung. Im Einzelnen sollten in der Abteilung I die Personal- und Wirtschaftsangelegenheiten sowie die Arbeiten der Kraftfahrtdienststelle erledigt werden. In der Juristischen Abteilung waren das Berichtswesen, „Schutzhaftfragen", Vereins- und Versammlungswesen, die Überwachung der Presse angesiedelt. Am unfangreichsten waren hingegen die Aufgaben der Kommissariate der Exekutivabteilung: So war das 1. Kommissariat für Reichswehrangelegenheiten, Landesverrat und Spionage sowie die Postüberwachung und den Grenzschutz zuständig. Das 2. Kommissariat sollte innerdienstliche Angelegenheiten, Schutzhaftverfügungen und das Archiv betreuen. Daneben war es noch für Emigranten, Freimaurer, „Greuelpropaganda" und Wehrsabotage zuständig. Im 3. Kommissariat wurde die Bekämpfung des linken politischen Widerstandes konzentriert sowie Waffen- und Sprengstoffangelegenheiten. Das 4. Kommissariat bearbeitete schließlich kirchenpolitische Angelegenheiten, die „Bewegung und ihre Organisation" betreffende Sachen sowie besondere Aufträge.

Die SS als Mieterin

Bereits im Dezember 1933 war auch die Düsseldorfer Schutzstaffel (SS) ins Gebäude eingezogen.

Die SS-Standarte 20 (Düsseldorf und Umgebung) war bereits seit Ende Februar 1933 als „Hilfspolizei" mit Polizeigewalt ausgestattet. Anfang März 1933 wurden durch die SS wiederholt provokative Aufmärsche durch Düsseldorfer Arbeiterviertel durchgeführt, die zu schweren Auseinandersetzungen mit Anhänger der KPD führten und in deren Verlauf mehrere Menschen erschossen wurden.

Durch den schon 1931 gegründeten „Sicherheitsdienst der SS" (SD), der als „Nachrichtendienst" der NSDAP tätig war, wurden Informationen über politische Gegner gesammelt und in enger Kooperation mit der Gestapo gegen Widerstandsorganisationen vorgegangen.

Obwohl die KPD seit Frühjahr 1933 durch zahlreiche Verhaftungen extrem geschwächt wurde, war es einer neuen Parteileitung im Sommer 1933 gelungen, Stadtteilgruppen zu reorganisieren und zahlreiche illegale Druckschriften in zum Teil beträchtlichen Auflagen von bis zu 20.000 Exemplaren in Düsseldorf herzustellen und zu verbreiten. Bis Juni 1933 war die KPD in Düsseldorf zu einer unter Bedingungen der Illegalität effektiven Organisation ausgebaut.

Im Juni 1933 war es dem Düsseldorfer SD jedoch gelungen, die Informationen zu gewinnen, die schließlich im Juni/Juli 1933 zur Verhaftung der gesamten Leitung des KPD-Unterbezirks Düsseldorf und der Zerschlagung mehrerer Stadtteilgruppen der KPD mit insgesamt über 90 Verhaftungen führten.

Von der SS wurden im Tresorraum der Konkurs gegangenen „Mitteldeutschen Bank" an der Königsallee 21-23 und in der Reuterkaserne in der Altstadt zahlreiche politische Gegner schwer gefoltert.

Anfang Juni 1934 wurde der SD zum einzigen parteiinternen Nachrichtendienst der NSDAP und seine Aufgaben auf die Ermittlung politischer Gegner beschränkt. Die Gegnerbekämpfung sollte nun ausschließlich durch die Gestapo erfolgen. Durch den Polizeipräsidenten und SS-Obergruppenführer Weitzel war der „SD-Oberabschnitt West" bereits im neuen Polizeipräsidium untergebracht worden.

Von Anfang an verschleppte die SS die Bezahlung der bereits um zwei Drittel reduzierten Miete und der Heizkosten für ihre Büros in der Mühlenstraße, so dass infolge der Streitigkeiten um die von der Stadt geforderten Gelder die Räume im September 1935 von der SS-Standarte wieder geräumt werden mussten.

50 Aufmarsch der Düsseldorfer SS-Standarte am Rhein, 1933.

51 Meldung der nationalsozialistischen Volksparole zum „Tag der Schutzstaffel" (SS), 1933.

Tag der Schutzstaffel

Der Führer der SS.-Gruppe West

SS.-Gruppenführer Weitzel

Am kommenden Sonntag, 14. Mai 1933, findet in Düsseldorf erstmalig der größte Aufmarsch der Schutzstaffeln statt, der jemals im Deutschen Reichsgebiet bislang zur Durchführung gelangt ist.

Es marschiert auf: Der SS.-Abschnitt V der SS.-Gruppe-West in Stärke von drei SS.-Standarten.

Ich bitte die nationale Bevölkerung Düsseldorfs, zu Ehren unserer Kämpfer die Fahnen der nationalen Erhebung zu hissen. Den Männern, die durch ihren jahrelangen Kampf in vorderster Front das erste Verdienst an der Wiedererhebung der deutschen Nation haben, soll in den Mauern Düsseldorfs ein froher und herzlicher Empfang bereitet werden unter den siegreichen Fahnen der deutschen Revolution.

Ich bitte auch die Düsseldorfer Beamtenschaft, dem Aufmarsche beizuwohnen.

Der Polizeipräsident:
gez. Weitzel, SS.-Gruppenführer.

Der Führer der SS.-Standarte 25

Gau Essen

Tagungsfolge

Der Samstag:

Sondertagungen im Ständehaus von 16.30 bis 18.30 Uhr, und zwar

1. der Standartenführer,
2. der Nachrichten- u. Sicherheitsdienstführer,
3. der SS.-Aerzte,
4. der Verwaltungsführer,
5. der Motorsturmführer.

Platzkonzerte von 18.30 bis 19.30 Uhr. Der Musikzug der Standarte 20 spielt auf dem Oberbilker Markt. Der Musikzug der Standarte

Der Führer der SS.-Standarte 20

Gau Düsseldorf

SS.-Standartenführer Sporrenberg

58 auf der Bastionbrücke und der Musikzug der Standarte 25 auf dem Münsterplatz. Daran anschließend findet um 22 Uhr ein

großer Zapfenstreich

am Bergischen Löwen, ausgeführt von den drei Standartenkapellen des SS.-Abschnitts V, statt.

Der Sonntag:

Eine große Führerbesprechung, die um 8 Uhr im Plenarsaal des Ständehauses beginnt, leitet den Sonntag ein. Zu gleicher Zeit finden

Sonderbesprechungen der FM.-Geldverwalter und FM.-Kampfbundführer

statt.

Um 9 Uhr treffen die auswärtigen Staffeln in Düsseldorf ein und marschieren von den Parkplätzen zu den Oberkasseler Rheinwiesen.

Die Aufstellung zur Parade der drei Standarten auf den Rheinwiesen ist auf 12.30

Der Führer des SS.-Abschnitt V

SS.-Oberführer Zech

Nach dem großen Appell um 14 Uhr auf den Rheinwiesen beginnt um 15.30 Uhr der Marsch der gesamten Staffeln des SS.-Abschnitts V durch folgende Straßen der Stadt: Rheinbrücke, Hindenburgwall, Schlageter-Allee (Königsallee Westseite), Graf-Adolf-Straße, Oststraße, Tonhallenstraße, Jakobistr., Duisburger Straße, Kaiserswerther-Klever Straße zum Ulanendenkmal, wo der Reichsführer der SS., Himmler, und die höheren SS.-Stäbe um 16.45 Uhr den

Vorbeimarsch

abnehmen werden.

Auf dem Karlsplatz löst sich der Zug auf.

Am Abend geben die Musikzüge der drei Standarten im Löwenbräu, Salvator und Schadowkeller Konzerte.

Fahnen heraus am 14. Mai, dem Tag der Schutzstaffel!

Der Führer der SS.-Standarte 58

Gau Köln-Aachen

52 *Einberufung von Wehrpflichtigen 1940, rechts ist die alte Kunsthalle zu erkennen.*

Nutzung des Hauses durch städtische Ämter

Nun bezogen mehrere städtische Ämter das Gebäude: das Amt für Statistik und Wahlen, das Liegenschaftsamt, das Stadtpolizeiamt und das Zentralarbeiteramt. Alle diese Behörden waren jeweils in ihren Tätigkeitsbereichen mit an der Verfolgung von politischen Gegnern, so genannten „Asozialen", Juden, Sinti und Roma, Homosexuellen, Zwangsarbeitern, psychisch Kranken und angeblichen Deserteuren beteiligt. Gerade die Existenz einer nach Effizienzkriterien ausgerichteten modernen Bürokratie, in der die einzelnen Beamten als Funktionsträger eines hierarchischen Systems von den Folgen ihres Verwaltungshandelns weitgehend losgelöst ihre Pflicht erfüllten, bildete eine entscheidende Voraussetzung für den reibungslosen Ablauf aller Verfolgungsmaßnahmen während des Nationalsozialismus.

Das Amt für Statistik und Wahlen

Nach Auszug des Polizeipräsidiums erhielt das „statistische und Wahl-Amt“ (Amt 16) der Stadt Düsseldorf Räume in der Mühlenstraße 29. Diese Dienststelle war wesentlich an der Vorbereitung und Durchführung der Volkszählungen vom Juni 1933 und Mai 1939 beteiligt. Gleichzeitig mit der Volkszählung 1933 begann die Erfassung und bürokratische Ausgrenzung der Juden in Deutschland. In der Zählung wurden so genannte Glaubensjuden und Ausländer in einer detaillierten Sonderzählung erfasst. Im Rahmen der Volkszählung von 1939 wurde an alle Personen eine „Ergänzungskarte“ ausgegeben, in der unter anderem die Frage „Ist oder war einer der vier Großeltern Jude?“ aufgelistet war. Es wurde also nicht mehr nur nach dem Bekenntnis, sondern nach der „Abstammung“ gefragt. Diese Frage wurde dafür genutzt, sowohl die Melderegister zu aktualisieren als auch die „Reichskartei der Juden und jüdischen Mischlinge“ des Sicherheitsdienstes der SS zu vervollständigen. Die hierdurch gewährleistete Erfassung bildete die Voraussetzung für die Ausgrenzung der Juden und ihre spätere Deportationen in Ghettos und Lager.

Daneben wurde in der Volkszählung 1939 im Auftrage der Wehrmacht nach „Vor- und Ausbildung“, also nach beruflichen Fertigkeiten, Sprachkenntnissen und ähnlichem gefragt, um diese Angaben für die laufenden Kriegsvorbereitungen verwerten zu können.

Das Zentralarbeiteramt

Nach dem Auszug des Polizeipräsidiums und der Renovierung der Räume wurde das Zentralarbeiteramt (Amt 11) im Sommer 1934 von der Zollstraße an die Mühlenstraße verlegt. Zu seinen Aufgaben gehörte Einstellung und Kündigung von Arbeitern und Arbeiterinnen städtischer Betriebe. Neben den Beamten fielen auch Angestellte und Arbeiter kommunaler Verwaltungen unter die Bestimmungen des neuen Berufsbeamtengesetzes. Im Verwaltungsbericht der Stadt Düsseldorf hieß es hierzu: *„Das am 7. April 1933 erlassene Gesetz zur Wiederherstellung des Berufsbeamtentums wurde im August 1933 auch bei den städtischen Arbeitern durchgeführt. Es wurden 80 Entlassungen vorgenommen. Die freigewordenen Stellen sind mit bewährten alten Kämpfern besetzt worden.“* Überwiegend handelte es sich um Anhänger der Kommunisten und Sozialdemokraten, vereinzelt wurden aber auch Mitglieder der katholischen Zentrumspartei entlassen.

Als in den Ruhestand zu versetzende „Nichtarier“ betrachtete das „Berufsbeamtengesetz“ bereits Personen mit einem Großelternteil, der der jüdischen Religion angehört hatte. Durch ein Rundschreiben des Reichsinnenministers vom 1. September 1933 wurde diese Bestimmung noch dahingehend verschärft, dass auch Großelternteile als „nichtarisch“ eingestuft wurden, die niemals einer jüdischen Gemeinde angehört hatten, aber von „der Rasse nach jüdischen Eltern“ abstammten. Von einer Entlassung ausgenommen bleiben sollten nur diejenigen jüdischen Beamten, die schon vor dem 1. August 1914 verbeamtet worden waren und die als „Frontkämpfer“ am Ersten Weltkrieg teilgenommen hatten oder in direkter Linie mit Gefallenen verwandt waren.

Das Zentralarbeiteramt der Stadt Düsseldorf hatte bereits im August 1933 damit begonnen, die Bestimmungen des „Berufsbeamtengesetzes“ bei den städtischen Arbeitern und Angestellten umzusetzen: Alle Angehörigen der Stadtverwaltung hatten Fragebögen auszufüllen, in denen sie eine eventuelle Mitgliedschaft in politischen Organisationen angeben und ihre „Abstammung“ belegen mussten.

Die Bibliotheksobersekretärin Gerda L. hingegen wäre wohl nie entlassen worden, hätte sie nicht selbst in dem Fragebogen die Vermutung geäußert, dass ihr Großvater, Hermann Hertz, möglicherweise „jüdischer Abstammung“ gewesen sei. Da Hermann Hertz unmittelbar nach seiner Geburt katholisch getauft worden war und Gerda L. von der Leitung der Landes- und Stadtbibliothek Düsseldorf ein im Sinne der Nationalsozialisten gutes Zeugnis ausgestellt bekam, schien ihre Entlassung erst einmal nicht in Frage zu kommen. Über Gerda L. wurde vermerkt:

„Eine wohlwollende Beurteilung ist umso mehr gerechtfertigt, als der Beamtin von der Leitung der Landes- und Stadtbibliothek Düsseldorf ein hervorragendes Zeugnis ausgestellt wird, das unter Verneinung jeglicher Hinneigung zu kommunistischen und marxistischen Schrifttum oder zu zersetzender jüdischer Asphaltliteratur ihre innige Vertrautheit mit echter deutscher Dichtung und Kunst betont und ihre guten Kenntnisse, ihre verantwortungsbewußte hingebende, fleißige und umsichtige Arbeitsweise besonders hervorhebt. Hiernach lassen auch das Wesen der Beamtin keine Rückschlüsse auf den Einfluß jüdischen Blutes zu.“

Als weitere Nachforschungen aber ergaben, dass die Eltern von Hermann Hertz noch der jüdischen Religionsgemeinschaft angehört hatten, wurde Gerda L. am 16. März 1934 durch den „Sachverständigen für Rassenforschung im Reichsministerium des Innern“ als „nichtarisch“ eingestuft und entlassen.

Ohne den bereitwilligen Hinweis auf ihren möglicherweise jüdischen Großvater wäre Gerda L. den Nationalsozialisten wahrscheinlich nie aufgefallen. Ihre Entlassung kann daher nicht nur als ein Beispiel für die Umsetzung des „Berufsbeamtengesetzes" in Düsseldorf dienen, sondern auch als Beispiel für eine Beamtenmentalität aufgefasst werden, deren blinde Pflichterfüllung eine wesentliche Voraussetzung für die Umsetzung der schließlich zum Genozid radikalisierten nationalsozialistischen Rassenpolitik bildete.

In enger Abstimmung mit dem Arbeitsamt organisierte das Zentralarbeiteramt überdies den Einsatz von zwangsweise zur Arbeit herangezogenen Personen bei verschiedenen städtischen Arbeitsstellen, in erster Linie Bauvorhaben.

Bereits in der Weimarer Republik hatte die Möglichkeit bestanden, Unterstützungsempfänger zur Disziplinierung zu so genannter Pflichtarbeit heranzuziehen. Nach der nationalsozialistischen Machtübernahme stieg die Anzahl der Pflichtarbeiter von bis dahin rund 130 Personen auf fast 4.000 an, um 1936 mit rund 6.700 Pflichtarbeitern ihren Höchststand zu erreichen. Insbesondere die infolge von rassistischen Ausgrenzungs- und Verfolgungsmaßnahmen zunehmend auf Wohlfahrtsunterstützung angewiesenen Juden und Sinti und Roma wurden nun systematisch als Erdarbeiter bei städtischen Bauvorhaben oder auf den Düsseldorfer Friedhöfen eingesetzt. So wurde beispielsweise das ab März 1937 errichtete kommunale „Zigeunerlager" am Höherweg auch von mehreren jüdischen Pflichtarbeitern mitgebaut.

Die endgültige Heranziehung von Juden zur Zwangsarbeit ging auf einen Erlass des Präsidenten der Reichsanstalt für Arbeit vom 20. Dezember 1938 zurück. Danach wurde der geschlossene, von „arischen" Arbeitskräften abgesonderte „Arbeitseinsatz" von Juden angeordnet, damit diese nicht aus öffentlichen Mitteln unterstützt werden müssten. Die Arbeitsbedingungen waren in der Regel diskriminierend, entwürdigend und inhuman: Die jüdischen Arbeitskräfte wurden abgesondert und nach Möglichkeit kolonnenweise zu berufsfremden, besonders schmutzigen und körperlich anstrengenden Arbeiten herangezogen. Arbeitskleidung wurde nicht bereitgestellt, meist nur der geringste Tariflohn bezahlt, wobei gleichzeitig überhöhte steuerliche Abzüge zu verkraften waren.

Mehrere Arbeitsgerichtsentscheidungen sorgten bereits ab 1939 dafür, dass für Juden lediglich ein reiner Leistungslohn und keinerlei Arbeitsschutzbestimmungen vorgesehen waren. In einer solchen Entscheidung hieß es über den Zwangsarbeitereinsatz einer „Judenkolonne" des Düsseldorfer Straßenbauamtes, die Maßnahme sei lediglich aus politischen Gründen, zum Zwecke der Trennung jüdischer und „deutschblütiger" Arbeiter, erfolgt und habe daher angesichts ihres „staats- und rassepolitischen Einschlags eigenen Rechtsregeln zu folgen". In Düsseldorf war im August 1939 durch das Straßenbauamt eine Kolonne von 160 Juden zusammengestellt worden, die bei einem Stundenlohn von 0,66 Reichsmark Erdarbeiten verrichten mussten.

Durch die „Verordnung über die Beschäftigung von Juden" vom 3. Oktober 1941 und die entsprechende Durchführungsverordnung wurden die geltenden, diskriminierenden Bestimmungen noch einmal deutlich verschärft. Tarifordnungen und die meisten Arbeitsgesetze fanden nun endgültig keine Anwendung mehr auf Juden. Es galten keine Arbeitszeitbeschränkungen, während Leistungen wie Lohnfortzahlungen bei Arbeitsausfall oder Anspruch auf bezahlten Urlaub fortfielen. Juden durften die ihnen vom Arbeitsamt zugewiesene Beschäftigung nicht ablehnen, konnten jederzeit fristlos gekündigt werden, mussten aber selber die allgemein geltenden Kündigungsfristen einhalten.

Nach Kriegsbeginn war das Zentralarbeiteramt wesentlich mit der Organisation und Durchführung des Einsatzes von Kriegsgefangenen und von Zwangsarbeitskräften in Düsseldorf befasst. Das Amt 11 organisierte die Unterbringung in „Ausländerlagern", die Verteilung von Verpflegung und die Zuweisung von Arbeitsstellen.

Den Zwangsarbeitskräften wurde nur für tatsächlich geleistete Arbeit ein Minimallohn gutgeschrieben, wobei dieser für den Fall, dass die Arbeitsleistung hinter der „Durchschnittsleistung eines deutschen Arbeiters" zurückblieb, gekürzt werden konnte. Zuschläge oder sonstige Leistungen für Mehrarbeit, Sonntags-, Feiertags- und Nachtarbeit wurden nicht gewährt, während fur Verpflegung und die Unterbringung in umzäunten und bewachten Lagern Sondersteuern und Abzüge von den Arbeitskräften erhoben wurden. Der Anteil zwangsrekrutierter Arbeitskräfte stieg nach Kriegsbeginn kontinuierlich an, so dass im September 1944 in Düsseldorf 17,9 Prozent aller abhängig Beschäftigten ausländische Zwangsarbeitskräfte waren.

Das Liegenschaftsamt

Im Gebäude Mühlenstraße 29 befand sich darüber hinaus das „städtische Liegenschaftsamt" (Amt 63), das für die Verwaltung der städtischen Grundstücke und Gebäude zuständig war. Das Liegenschaftsamt erwarb im Rahmen von Zwangsversteigerungen jüdischen Grundbesitzes Gebäude weit unter Preis für die Stadt.

So wechselte auch das Grundstück der in der Pogromnacht vom 9. November 1938 nieder gebrannten und anschließend auf Kosten der jüdischen Gemeinde abgerissenen Synagoge an der Kasernenstraße in städtischen Besitz. Obwohl allein der Einheitswert des Grundstücks vor dem Pogrom noch 350.000 Reichsmark betrug, wurde die jüdische Gemeinde im März 1939 gezwungen, für rund 190.000 RM zu verkaufen, die jedoch nach Aufrechnung überhöhter Kosten für den Abbruch der Synagoge und die Anlage eines Parkplatzes sowie weiterer städtischer Forderungen auf nur noch 85.000 RM reduziert wurden. Nach Kriegsbeginn wurde dann ein Bunker auf dem Grundstück errichtet.

Während des Krieges war das Liegenschaftsamt an der Suche und Bereitstellung von geeignetem Gelände für die Errichtung von Lagern für Zwangsarbeitskräfte aus den besetzten Ländern an der Ausbeutung tausender Sklavenarbeiter beteiligt.

Das Stadtpolizeiamt

Nach Auszug des Polizeipräsidiums wurden das Erdgeschoß und Räume im ersten Stock des Stadthauses durch das „Stadtpolizeiamt" (Amt 15) bezogen. Die Aufgaben der städtischen Polizeiämter sind am ehesten mit den heute existierenden Ordnungsämtern vergleichbar. So war das Stadtpolizeiamt beispielsweise für die Verhängung von Straf- und Zwangsgeldverfügungen sowie für die Festnahme und den Transport von Fürsorgezöglingen, Geschlechtskranken und Trinkern in geschlossene Anstalten und „Arbeitshäuser" zuständig.

Im Juli 1935 übernahm das Stadtpolizeiamt vom Gesundheitsamt die „polizeimäßige Bearbeitung der Geisteskrankenangelegenheiten". Damit war es für die Einweisung von psychisch Kranken in Heil- und Pflegeanstalten auch nach Beginn der Krankenmorde, der so genannten „Euthanasie", zuständig.

Ein weiteres Tätigkeitsfeld umfasste die „Kontrolle der Gast- und Schankwirtschaften", die wichtige Hinweise für die Schließung von Gaststätten, wie beispielsweise Lokale der Homosexuellen-Szene ergeben haben dürfte, die in Düsseldorf bereits im Februar 1933 geschlossen wurden. Das Stadtpolizeiamt kontrollierte auch Restaurants, Schlachtereien und Delikatessengeschäfte und setzte gegen jüdische Inhaber solcher Betriebe häufig willkürliche Strafgelder fest.

Seit dem 1. Januar 1934 hatte das Stadtpolizeiamt die Umsetzung des „Gesetzes zum Schutze des Einzelhandels" vom 12. August 1933 von der Bezirksregierung übernommen. Danach waren alle Neueinrichtungen, Verlegungen, größere Erweiterungen oder Geschäftsübernahmen von Einzelhandelsgeschäften genehmigungspflichtig und von der Prüfung der Fachkenntnisse, der finanziellen Grundlage, der „persönlichen Zuverlässigkeit" sowie der Anerkennung eines Bedürfnisses abhängig.

Das Gesetz schuf die Voraussetzung dafür, die Eröffnung neuer Geschäfte durch Juden zu verhindern, und machte überdies eine starke Einflussnahme auf die infolge von antisemitischer Hetze und von den Nationalsozialisten initiierten Boykottaktionen gegen jüdische Einzelhändler erzwungene „Arisierung" möglich. So konnte die Stadtpolizei die Genehmigung zur Geschäftsübernahme durch „Arier" von einer Senkung des Verkaufspreises abhängig machen oder etwa durch den Verbot einen Ausverkauf des Warenlagers vorzunehmen, eine kostengünstige Übernahme durch den neuen Eigentümer erzwingen.

Daneben sorgte das Amt 15 für die Umsetzung des am 22. September 1933 erlassenen „Reichskulturkammergesetzes". Durch das Gesetz wurde eine berufliche Tätigkeit in Schrifttum, Presse, Theater, Musik oder den bildenden Künsten von der Mitgliedschaft in einer entsprechenden „Kammer" abhängig, zu der Juden und „Zigeuner" aber im Regelfall nicht zugelassen wurden.

Ferner traf das Amt Feststellungen in Hinblick auf die politische Einstellung, „arische Abstammung" und bezüglich der Staatsangehörigkeit. Als eines der ersten antijüdischen Gesetze hatte die nationalsozialistische Regierung am 14. Juli 1933 das „Gesetz über den Widerruf von Einbürgerungen und die Aberkennung der deutschen Staatsangehörigkeit" erlassen, mit dem die Möglichkeit des Widerrufs aller zuvor vorgenommenen Einbürgerungen geschaffen wurde. Der Widerruf erstreckte sich auf die mit eingebürgerten Angehörigen und alle Personen, deren später etwa durch Geburt oder Eheschließung erworbene deutsche Staatsbürgerschaft von der Einbürgerung abgeleitet war. In der dazugehörigen Durchführungsverordnung wurde ausdrücklich betont, dass die Beurteilung nach „völkisch nationalen Grundsätzen" erfolgen sollte und daher „die rassischen, staatsbürgerlichen und kulturellen Gesichtspunkte" bei der Entscheidung über eine Ausbürgerung im Vordergrund zu stehen hätten. Entsprechend waren in erster Linie „Ostjuden" für eine Ausbürgerung vorgesehen, es sei denn, sie hatten als Frontkämpfer auf deutscher Seite am Weltkrieg teilgenommen oder sich „um deutsche Belange" verdient gemacht.

Infolge dieses Gesetzes wurden durch das Stadtpolizeiamt alle während der Weimarer Republik vorgenommenen Einbürgerungen auf die Möglichkeit des Widerrufs hin durchgeprüft. Neben einigen politisch missliebigen Ausländern handelte es sich dabei in erster Linie um „Ostjuden". Den Betroffenen wurde die Widerrufsverfügung ihrer Einbürgerung ohne Angabe von Gründen auf einem knapp gehaltenen Vordruck postalisch zugestellt. Eine Anfechtung auf dem Rechtswege war nicht vorgesehen.

Da gerade jüdischen Einwanderern aus Osteuropa während der Weimarer Republik oftmals besondere Schwierigkeiten bei Einbürgerungsanträgen gemacht worden waren, handelte es sich fast ausschließlich um Personen, die bereits seit Jahrzehnten in Deutschland lebten. Fast durchweg konnten die Ausgebürgerten ihre alte Staatsangehörigkeit nicht zurückerhalten, wurden staatenlos und waren nun auf eine Arbeitserlaubnis angewiesen. Sie konnten in der Regel weder in ihre ursprüngliche Heimat noch in andere Länder auswandern, da die meisten Staaten nur dann eine Einreise zuließen, wenn die Möglichkeit bestand, bei Bedarf wieder in das Heimatland abschieben zu können.

Die zum Zeitpunkt der nationalsozialistischen Machtübernahme siebzehn Jahre alte Edith G., schilderte nach dem Krieg die Auswirkungen der Ausbürgerung auf ihre Familie folgendermaßen:

„Wir wurden sofort bei der Machtübernahme 1933 als Juden angesehen und behandelt, und am 18. Januar 1935 wurden wir alle aus rassischen Gründen, nachdem wir im Aug. 1928 als Deutsche eingebürgert worden waren, wieder ausgebürgert. Damit verloren wir alle elementaren Rechte. Mein Vater, meine Brüder und ich büssten sofort unsere Berufstellungen ein, da uns niemand mehr beschäftigen dürfte. Während mein Vater dann als Erdarbeiter auf den städtischen Friedhöfen unter den entwürdigendsten und schwierigsten Bedingungen für einen Hungerlohn arbeiten musste gelang es mir mit größten Mühen, eine Anstellung zu finden. Hierzu musste aber jedes Jahr die besondere Genehmigung des Landesarbeitsamtes eingeholt werden, ein schwieriges und für meine damaligen Verhältnisse kostspieliges Verfahren, bei dem man nie wusste, ob man nicht doch wieder auf die Straße gesetzt werden würde."

Wesentlich beteiligt war das Stadtpolizeiamt auch an der rassistischen Ausgrenzung von Sinti und Roma in Düsseldorf. Seit 1934 wurden die für viele Sinti zum selbstständigen Lebensunterhalt unerlässlichen Wandergewerbescheine und Stadt-Hausierscheine an „Zigeuner" nicht mehr ausgegeben. Darüber hinaus sorgte das Stadtpolizeiamt Mitte 1934 für die Erfassung der Wohnwagenstellplätze im Stadtgebiet und für deren Auflösung durch die Erteilung kostspieliger Auflagen. Durch diese Maßnahmen wurden die Voraussetzungen für die Internierung der Düsseldorfer Sinti und Roma in dem im Juli 1937 eröffneten „Zigeunerlager" am Höherweg geschaffen.

Seit dem 1. März 1936, dem Zeitpunkt, an dem auch im bis dahin entmilitarisierten Rheinland wieder Truppen einmarschierten, war dem Stadtpolizeiamt ein „Einquartierungsamt" angegliedert, das für die Unterbringung der nun in Düsseldorf stationierten Mannschaften des Infanterieregiments 77, des Artillerieregiments 16, einer Nachrichten- und einer Fliegertruppe zuständig war. Entscheidend für die Angliederung des „Einquartierungsamtes" an das Stadtpolizeiamt dürfte die räumliche Nähe zum seit Ende 1935 ebenfalls im Stadthaus untergebrachten „Wehrbezirkskommando" gewesen sein.

Nachdem auf Veranlassung des Auswärtigen Amtes durch das Geheime Staatspolizeiamt für den 28. Oktober 1938 eine allgemeine Ausweisung der polnischen Juden aus Deutschland angeordnet wurde, versuchte die städtische Polizei in Düsseldorf, die verlassenen Wohnungen der Deportierten für die Wehrmacht zu beschlagnahmen. Reichsweit waren rund 18.000 Menschen während dieser Deportation in der Nacht zum 28. Oktober 1938 verschleppt und zum größten Teil, nachdem die polnische Regierung ihre Grenze für die Transporte geschlossen hatte, im Niemandsland zwischen der deutschen und polnischen Grenze in Lagern zurückgelassen worden. Aus Düsseldorf wurden während der „Polenaktion" insgesamt 361 polnische Juden deportiert und in einem Lager in der Grenzstadt Zbąszyń (Bentschen) bei Posen festgesetzt. Viele von ihnen waren bis dahin noch nie in Polen gewesen, da sie entweder als polnische Staatsangehörige in Deutschland geboren waren oder aber als deutsche Jüdinnen einen polnischen Juden geheiratet hatten.

Da eine allgemeine Beschlagnahmung der Wohnungen durch den Polizeipräsidenten für nicht zulässig erachtet wurde, richtete sich die städtische Polizei direkt an die Hauseigentümer, um so die „durch die Auswanderung jüdischer Familien freiwerdenden Wohnungen für Angehörige der Wehrmacht nutzbar" machen zu können. Zwar hatte sich das Wohlfahrtsamt der Jüdischen Gemeinde nach der „Polenaktion" um die Wohnungen der Deportierten gekümmert und den Hauseigentümern erklärt, dass sie vorerst nicht über die Wohnungen verfügen könnten, allerdings setzten in Düsseldorf nach der Pogromnacht vom 9./10. November 1938 massenhafte Kündigungen von jüdischen Mietern ein, so dass in zahlreichen Fällen schließlich doch Einquartierungen von Wehrmachtsangehörigen erfolgten.

Dienststellen der Wehrmacht

Die Heeresstandortverwaltung bezog bereits im November 1935, also noch vor der Besetzung des entmilitarisierten Rheinlandes Anfang März 1936, Räume in der Mühlenstraße 29. Von hier aus führten das Wehrbezirkskommando und die untergeordneten Wehrmeldeämter I bis IV die Wehrerfassung der Düsseldorfer Bevölkerung durch.

Entsprechend ihrer zunehmenden Bedeutung beanspruchte das Wehrbezirkskommando im Laufe des Krieges immer mehr Räumlichkeiten, so dass der Gebäudekomplex zwischen Andreasstraße und Mühlenstraße gegen Ende des Krieges fast ausschließlich von der Militärbehörde genutzt wurde.

Das Wehrbezirkskommando und die Wehrmeldeämter konnten auf verschiedenste Erfassungsmaßnahmen zurückgreifen, die sie durch eigene Daten und medizinische

53
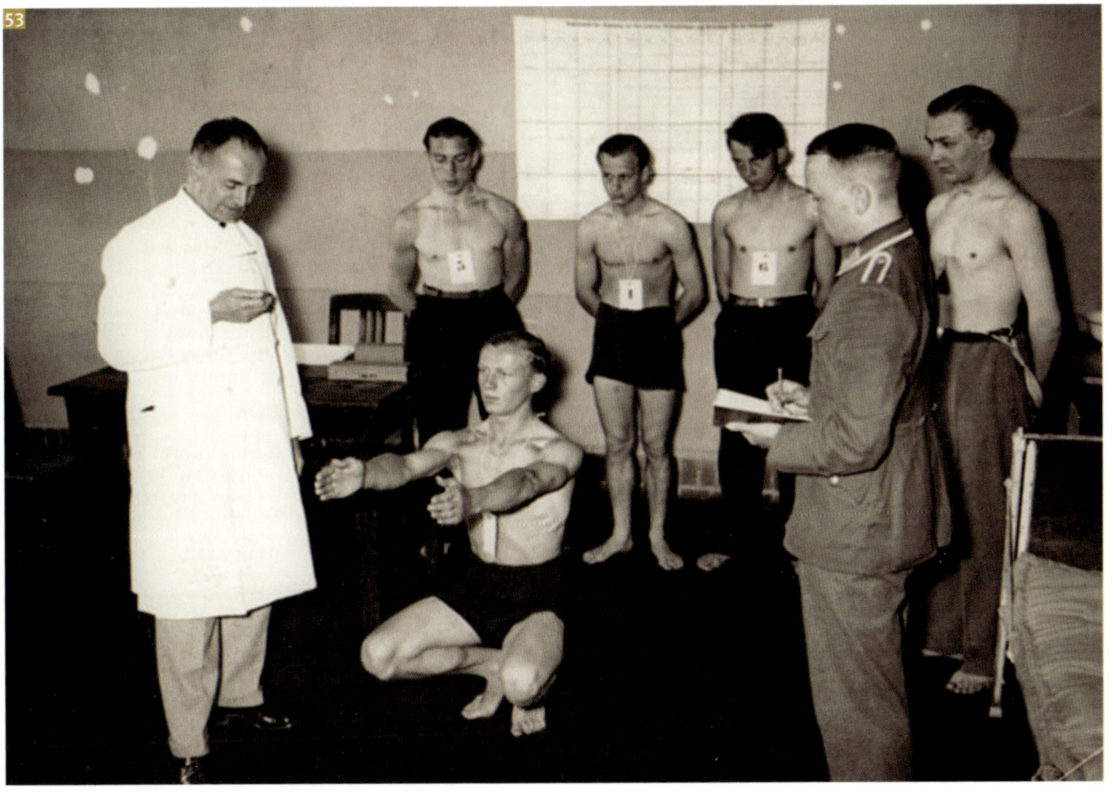

53 *Musterung der Wehrmacht im Wehrbezirkskommando in Potsdam.*

Reihenuntersuchungen ergänzten. Ziel dieser Erhebungen war es, durch Ausgrenzung „Minderwertiger“, „Fremdrassiger“ und politischer Gegner die Voraussetzung für die Herstellung der biologisch definierten „Volksgemeinschaft“ zu schaffen und zugleich das so konstruierte Kollektiv auf einen von langer Hand vorbereiteten Krieg einzurichten. Der Krieg richtete sich also gleichermaßen gegen einen inneren als auch gegen einen äußeren Feind.

Jedoch mussten die Nationalsozialisten noch eine Reihe von Hindernissen aus dem Weg zu räumen, die durch die Folgen des Ersten Weltkrieges bedingt waren, wie die Abschaffung der allgemeine Wehrpflicht und die Entmilitarisierung des Rheinlands. Schrittweise gelang es den Nationalsozialisten, diese Bestimmungen auszuhebeln und in schnellen Schritten die Vorbereitungen für den Krieg in Angriff zu nehmen.

Durch das am 21. Mai 1935 beschlossene und schon am nächsten Tag in Kraft getretene Wehrgesetz wurde jeder deutsche Mann im Alter zwischen dem 19. und 45. Lebensjahr – abgesehen von „Wehrunwürdigen“, körperlich Untauglichen und den Wehrpflichtausnahmen durch Rassengesetze – der Wehrpflicht unterworfen. Die Dauer der aktiven Dienstpflicht belief sich zunächst auf ein Jahr und wurde dann mit Erlass vom 24. August 1936 auf zwei Jahre festgesetzt.

Die entmilitarisierten Gebiete des Rheinlandes wurden am 7. März 1936 durch Vorrücken deutscher Truppenabteilungen faktisch der Wehrhoheit des deutschen Reiches unterworfen.

Die Wehrpflicht wurde sofort konsequent und mit aller Härte durchgesetzt: So wurde etwa ein sich seit Ende 1934 im Ausland aufhaltender Mann nach seiner Rückkehr in Düsseldorf festgenommen und trotz seiner Beteuerungen, er habe nicht früher zurückkehren können, Mitte Juli 1936 durch das Düsseldorfer Schöffengericht wegen „Wehrpflichtentziehung“ zu sechs Monaten Gefängnis verurteilt.

Die Melde- und Gestellungspflichten wurden durch die Verordnung über die Wehrüberwachung vom 24. November 1937 endgültig geregelt, so dass jeder Wehrpflichtige danach seiner zuständigen Wehrersatzdienststelle Wohnungs-, Aufenthalts- und Arbeitsplatzwechsel zu melden hatte.

Am 6. Januar 1938 wurden mit der Reichsmeldeordnung die bis dahin nur in einigen Ländern und Orten gebräuchlichen polizeilichen Kontrollabläufe des An- und Abmeldeverfahrens reichsweit durchgesetzt und vereinheitlicht. Durch die Reichsmeldeordnung sollte die lückenlose Erfassung der Meldepflichtigen sowie

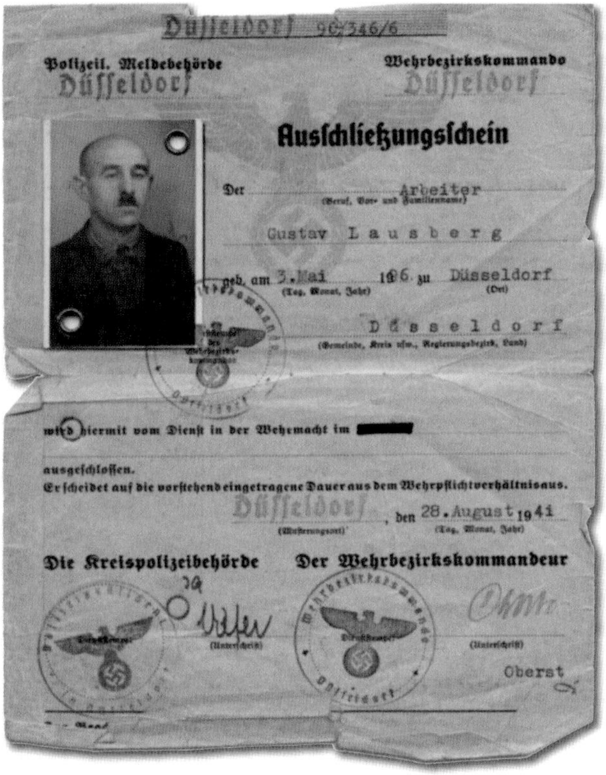
Düsseldorf 96/346/6

Polizeil. Meldebehörde Düsseldorf

Wehrbezirkskommando Düsseldorf

Ausschließungsschein

Der Arbeiter (Beruf, Vor- und Familienname)

Gustav Lausberg

geb. am 3. Mai 1896 zu Düsseldorf (Tag, Monat, Jahr) (Ort)

Düsseldorf (Gemeinde, Kreis usw., Regierungsbezirk, Land)

wird hiermit vom Dienst in der Wehrmacht im [redacted] ausgeschlossen.

Er scheidet auf die vorstehend eingetragene Dauer aus dem Wehrpflichtverhältnis aus.

Düsseldorf, den 28. August 1941 (Ausfertigungsort) (Tag, Monat, Jahr)

Die Kreispolizeibehörde (Unterschrift)

Der Wehrbezirkskommandeur (Unterschrift) Oberst

54 *Aus der Wehrmacht wegen politischer Betätigung ausgeschlossen: Der Arbeiter Gustav Lausberg, 1941 im Wehrbezirkskommando an der Mühlenstraße „erfasst".*

der Wohnorts- und Wohnungsveränderungen sichergestellt werden, indem das Meldeamt des Zuzugsortes die Anmeldung an die Meldebehörde des Abzugsortes meldete. Ziel der Reichsmeldeordnung war es, sowohl einen lückenlosen Zugriff auf Ausländer und „Fremdrassige" als auch auf alle Wehrpflichtigen sicherzustellen. Dieser doppelten Stoßrichtung diente auch die Einführung der Kennkarte als „allgemeiner polizeilicher Inlandsausweis" im Juli 1938. Dem Kennkartenzwang, sich jederzeit im Inland ausweisen zu müssen, wurden zunächst alle Juden und alle wehrpflichtigen Männer unterworfen, um dann nach Kriegsbeginn auf die gesamte Bevölkerung ausgedehnt zu werden. Die schließlich 1939 durchgeführte Volkszählung sollte ebenfalls zugleich der Kriegsvorbereitung und der dann später beginnenden systematischen Vernichtung der Juden dienen. Die Frage nach jüdischer „Abstammung" sollte die Melderegister aktualisieren als auch die Karteien der „Reichszentrale der Juden und jüdischen Mischlinge" des SD vervollständigen. Ebenso wurde die Zählung von der Wehrmacht für eine namentliche Erfassung genutzt, die berufliche Fertigkeiten, Sprachkenntnisse oder sonstige Qualifikationen feststellte, um mit Hilfe eines nach Berufen gegliederten Personenregisters den „Mencheneinsatz" im Krieg zu optimieren.

Die einzelnen Schritte der Wehrerfassung, Musterung und Wehrüberwachung sollten dabei möglichst einfach gehalten bleiben und doch zugleich eine maximale Kontrolle und einen möglichst optimalen Einsatz der Wehrpflichtigen sicherstellen: Als Grundlage für die Wehrerfassung wurden von den polizeilichen Meldebehörden und den Standesämtern namentliche „Personennachweise" angelegt, nach Geburtsjahrgängen getrennt und in alphabetischer Reihenfolge laufend geführt. Durch Austausch der Behörden untereinander wurde die Vollständigkeit der von den Meldebehörden durchgeführten Erfassung überprüft, gegebenenfalls Nachforschungen durch die Polizei veranlasst und bei ergebnislosem Verlauf das Fahndungsverfahren eingeleitet.

Durch die Musterung wurde festgestellt, welche Dienstpflichtigen wehrfähig waren und daher der Aushebung unterlagen. Wehruntaugliche, Entmündigte und Zwangssterilisierte waren auszumustern. Da eine „arische Abstammung" die Voraussetzung für den aktiven Wehrdienst war, wurden Juden und „Zigeuner" von der Erfüllung ausgeschlossen.

Der Hauptarzt im Musterungsstab bestimmte den Grad der Tauglichkeit und gab die Truppenteile und Waffengattungen an, in die eine Einstellung nicht zulässig war oder für die der Wehrpflichtige bevorzugt geeignet schien. Wehrunwürdige erhielten einen Ausschließungsschein, Juden einen Ausschließungsschein mit dem Zusatz „Jude".

Die Verordnungen über Musterung, Erfassung und Aushebung wurden im Krieg erheblich vereinfacht, damit der Zeitraum zwischen Wehrerfassung und Musterung möglichst kurz blieb. Zugleich wurden die Bestimmungen über Wehrüberwachung verschärft, so dass Wehrpflichtige ihrer Meldepflicht nun nicht mehr innerhalb einer Woche, sondern innerhalb 48 Stunden nachkommen mussten. Die Tauglichkeitsanforderungen wurden im Verlauf des Krieges zunehmend eingeebnet, so dass schließlich selbst Soldaten mit „erheblichen Verwundungs- und Krankheitsfolgen" als frontverwendungsfähig galten. Für diejenigen, die für Bedarfsstellen außerhalb der Wehrmacht „unabkömmlich" gestellt werden sollten, mussten bei den zuständigen Wehrbereichskommandos sogenannte Uk-Anträge gestellt werden.

Diese Erfassungsaktionen unterstützten eine Selektionsmedizin zur Formierung der biologisch definierten „Volksgemeinschaft“. Besonders deutlich wird dies am Beispiel des seit 1920 in der Heil- und Pflegeanstalt Düsseldorf-Grafenberg tätigen Psychiaters Alois Havestadt, der von August 1939 bis August 1942 als Sanitätsoffizier im Wehrbezirkskommando an der Mühlenstraße als Musterungsarzt tätig war: Nach dem Krieg wurde Havestadt vorgeworfen, er habe es verstanden sich als Junggeselle selbst „vor dem Kriegsdienst zu drücken“, während er täglich Hunderte von Männern als „kriegseinsatzfähig“ musterte. Daneben hieß es über Havestadt, dass er als Abteilungsleiter der „Unruhigen- und Siechenabteilung“ der Heil- und Pflegeanstalt Grafenberg an der Auswahl von Patienten für die Krankenmordaktionen beteilig gewesen sei. Hierzu vermerkte der Entnazifizierungsausschuss noch im Juli 1947:

„Es ist nicht nur wahrscheinlich, sondern kann als sicher angenommen werden, dass er sich aktiv an der Auswahl der Patienten beteiligt hat, die aus diesen Abteilungen für die Vernichtungstransporte vorgesehen waren, wenn auch vielleicht nur als Berater. Es ist ebenso sicher, dass er wusste, zu welchem Zweck diese Auswahl erfolgte.“

Die Selektionen in den Heil- und Pflegeanstalten dienten nicht zuletzt auch dem Ziel, durch Freimachung von Anstaltsbetten Platz für die Einrichtung von Ausweichkrankenhäusern und Wehrmachtslazaretten zu schaffen.

Das Kriegsende

Aufgrund der sich zunehmend verschlechternden militärischen Lage und den nahezu erschöpften menschlichen Reserven für die Wehrmacht, befahl Hitler mit Erlass vom 25. September 1944 die Bildung des aus allen wehrfähigen Männern zwischen 16 und 60 Jahren bestehenden „Deutschen Volkssturms“. Erfassung, Aufbau und Führung oblag den Gau- und Kreisleitern der NSDAP. Mit der Aushändigung des Soldbuches gehörte der Aufgerufene zum Volkssturm und galt während des Einsatzes als Soldat im Sinne des Wehrgesetzes, der durch das Tragen einer Armbinde mit der Aufschrift „Deutscher Volkssturm – Wehrmacht“ als Kombattant gekennzeichnet war. Hunderte von 14- bis 17-jährigen Hitlerjungen wurden nun in Wehrertüchtigungslagern auf ihre Kampfeinsätze vorbereitet und Anfang 1945 schließlich noch die Jahrgänge 1928 und 1929 gemustert und eingezogen.

Bereits in der Nacht vom 1. auf den 2. März 1945 konnte kampferprobte US-Infanterie, trotz schwacher Gegenwehr durch den Volkssturm, Neuss befreien und dort erstmals den Rhein erreichen. Schon am nächsten Tag wurden die linksrheinischen Düsseldorfer Stadtteile eingenommen. Allerdings waren alle in der Gegend noch passierbaren Rheinübergänge gesprengt worden. Die Befreiung Düsseldorfs wurde dadurch um mehrere Wochen verzögert, was vielen hundert Menschen noch das Leben kosten sollte.

Nach dem Willen von Gauleiter Florian sollte Düsseldorf als „Festungsstadt“ bis zum letzten verteidigt und dann kurz vor der Einnahme durch die Alliierten dem Erdboden gleichgemacht werden.

Durch öffentliche Bekanntmachung in der Tagespresse wurden am 10. März 1945 alle in Düsseldorf sich aufhaltenden Wehrpflichtigen, die geräumte und andere Gebiete verlassen hatten, die ihre Arbeit hatten einstellen müssen oder von ihren Vorgesetzten freigestellt waren, dazu aufgefordert, sich beim Wehrbezirkskommando auf der Mühlenstraße 29 zu melden. Die Behördenleiter und Betriebsführer wurden gehalten, sofort „unter Anlegung des strengsten Maßstabes“ alle entbehrlichen Mitarbeiter dem Wehrbezirkskommando zu melden.

Unzählige der für dieses letzte Aufgebot Aufgerufenen tauchten aber unter oder setzten sich bei der ersten sich bietenden Gelegenheit wieder ab. Dabei konnten Fahnenflüchtige zunehmend auf die Unterstützung von Nachbarn und Bekannten setzen, die sie mit Nahrung und Zivilkleidung versorgten und ihre Verfolger in die Irre führten. Viele Düsseldorfer halfen nun auch wildfremden Soldaten dabei, bis Kriegsende unterzutauchen.

Bereits zwei Tage nach dem Gestellungsaufruf des Wehrbezirkskommandos Düsseldorf war am 12. März 1945 in der Tagespresse ein Aufruf des Düsseldorfer Kampfkommandanten erschienen, wonach alle „Versprengten“ aufgefordert wurden, sich bis zum 16. März beim nächsten erreichbaren Truppenteil zu melden, andernfalls sie als Fahnenflüchtige behandelt würden. Zur Abschreckung wurden zehn Tage später zwei Standgerichtsurteile gegen die zum Tode verurteilten „Deserteure“ Josef Funk und Hans Precht in der Presse veröffentlicht.

Noch mehrere weitere Todesurteile wurden im Polizeipräsidium oder in der zur Kaserne umgewandelten Schule an der Färberstraße in Bilk durch Standgerichte ausgesprochen und vollstreckt.

Trotz des massiven Terrors in den letzten Kriegswochen konnte Düsseldorf am 17. April 1945 praktisch kampflos von den Amerikanern eingenommen und befreit werden. Bis dahin waren viele Tausend Düsseldorfer aufgrund von Verfolgung und Krieg umgekommen. Möglich gemacht hatte dies nicht zuletzt eine reibungslos funktionierende und ineinander greifende Bürokratie, die im alten Stadthaus ihren Sitz hatte.

55 Noch bis in die 1950er Jahre hinein zogen sich die Beseitigungen der Kriegsschäden.

56 Nach 1945 wurde der Gebäudekomplex zwischen Andreas- und Mühlenstraße zum „Stadthaus“.

Das Stadthaus nach 1945

56

Der demokratische Neubeginn Düsseldorfs ist nach 1945 eng mit der Geschichte des Stadthauses verknüpft. Auch erst in dieser Zeit wurde der Name „Stadthaus" in Abgrenzung zum Rathaus oder zum Rathauskomplex am Marktplatz für das ehemalige Jesuitenkloster gebräuchlich. Zunächst standen wichtige Reparaturarbeiten am Haus an, die sich bis weit in die 1950er Jahre hinein zogen. Alleine 1952 musste 138.000 DM zur Beseitigung von Kriegsschäden am Gebäude aufgewandt werden. Ebenso wurden die Sanitäranlagen grundlegend saniert und erweitert. Gleichzeitig wurde die Raumstruktur der Anlage für ihre neue Aufgabe als städtischer Verwaltungsbau entsprechend angepasst. Neue Korridore wurden angelegt und der Raumzuschnitt durch Einbau von Leichtbauwänden erheblich verändert. Gleichzeitig erfolgte zwischen 1958 und 1959 erstmals der Einbau einer Aufzuganlage im Gebäude. Letztendlich entstand durch die fortwährenden Umbauten eine Situation, die die städtischen Mitarbeiter und Besucher als „verbautes Gebäude" oder schlicht als „das Labyrinth" bezeichneten. Trotz Wiederaufbau blieben die Instandsetzungskosten hoch und beliefen sich noch 1958 auf 85.000 DM.

Ab Frühjahr 1946 war das Stadthaus zentraler Ort der Entnazifizierungsverfahren. Sie sollten ein wichtiges Element zur Aufarbeitung der NS-Zeit darstellen und wurden von alliierter Seite initiiert. Auf britische Veranlassung wurden „Ausschüsse für die politische Säuberung von Wirtschaft und Verwaltung“ eingesetzt. Wurden die Mitglieder zunächst noch vom Ober- oder Regierungspräsidenten ernannt, übertrug die britische Militärregierung diese Zuständigkeit bald auf die Kommunen. Am 17. April 1946 nahm im Wappensaal des Stadthauses an der Mühlenstraße der Düsseldorfer Entnazifizierungsausschuss seine Arbeit auf. Die Briten behielten sich das Recht vor, die Mitglieder der Ausschüsse zu überprüfen, und wachten zugleich über ihre soziale Zusammensetzung, die die unterschiedlichen sozialen Gruppen der Gesellschaft widerspiegeln sollten. Den deutschen Ausschüssen kam im Verfahren die Rolle einer Art Vorermittlung zu, die eigentliche Einreihung erfolgte durch die britischen Stellen. Zentrales Instrument war dabei ein zwölfseitiger Fragebogen mit 133 Fragen zu unterschiedlichen Bereichen. Neben direkten Fragen der Parteizugehörigkeit versuchten die Ausschüsse auch über indirekte Faktoren wie Entwicklung des Vermögens während der NS-Diktatur oder Zugehörigkeit zu bestimmten Verbänden und Vereinigungen sich der möglichen Verstrickung von unterschiedlichen Seiten zu nähern. Ab Dezember 1947 ging die Zuständigkeit für die Entnazifizierungsverfahren bis auf einige Bereiche an deutsche Stellen über. Zwischen April 1946 und August 1949 wurden im Stadtkreis Düsseldorf rund 70.000 Fälle überprüft. Die betroffenen Personen wurden nach Befragungen in die fünf Kategorien „Hauptschuldige“, „Belastete“, „Minderbelastete“, „Mitläufer“ und „Entlastete“ eingestuft. Dabei wurde in der britischen Zone im Gegensatz zur amerikanischen Praxis nicht grundsätzlich jeder überprüft. Lediglich bei Einstellung oder bei Bewerbungen um politische Ämter wurden diese Verfahren durchgeführt. Diese anfänglichen Überprüfungen nahmen recht schnell den Charakter von individuellen Strafprozessen an. So wurde Ende 1947 das Entnazifizierungsverfahren gegen den Gestapoangestellten Heinz Illig eröffnet. Im Juli 1949 wurde er in Kategorie III als „minderbelastet“ eingestuft. Dazu gehörten Beschränkungen in der Bewegungsfreiheit, bei Anstellungsmöglichkeiten und einer möglichen politischen Betätigung. Auch wurde etwaiges Vermögen beschlagnahmt. 1950 wurde Illig durch das Spruchgericht Düsseldorf zu einem Jahr Haft verurteilt, wobei seine Internierungszeit angerechtet wurde. Obwohl schwer belastende Zeugenaussagen vorlagen, blieb er bei seiner Haltung, sich jederzeit „anständig verhalten“ zu haben und sich keiner Schuld bewusst zu sein. So genannte „Persilscheine“, die augenscheinlich belastete Personen durch Leumundsaussagen entlasten sollten, stellten die Sinnhaftigkeit dieser Verfahren immer wieder infrage. Ebenfalls kritisiert wurden die langen Verfahrensdauern, die selbst den Unbelasteten die Rückkehr

57 Eröffnung des Düsseldorfer Entnazifizierungsausschusses im alten Wappensaal des Stadthauses 1946. Der dritte von links ist Oberbürgermeister Karl Arnold (CDU).

58 Auch amtsärztliche Vorschuluntersuchungen wurden im Stadthaus durchgeführt, um 1950.

59 Mit Kohlenkarten wurde versucht, den Mangel an Heizmaterial zu verwalten.

58

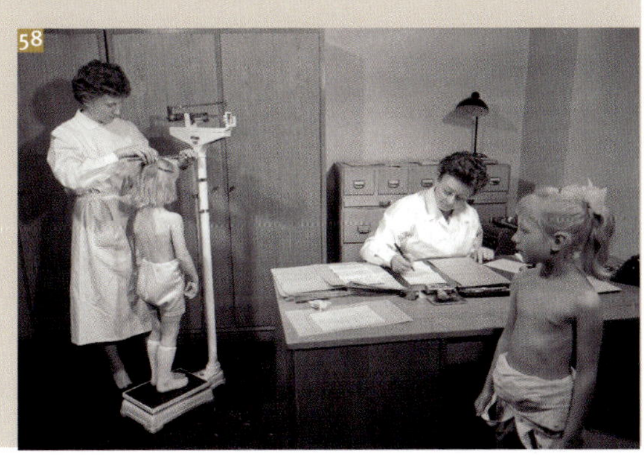

in die Normalität erschwerten. So zog sich das Verfahren gegen den Düsseldorfer Verleger Heinrich Droste (1880-1958) bis 1949 in die Länge. Gegenstand war der erzwungene Verkauf des bei Droste erschienenen Stadt-Anzeigers an die nationalsozialistische „Volksparole“ 1933. Während an Drostes NS-kritischer Haltung kein Zweifel bestand, wurden die Umstände intensiv diskutiert und seine Arbeit als Verleger dadurch erheblich erschwert. Er wurde aber letztendlich doch als unbelastet eingestuft.

Die Grenzen der Entnazifizierung zeigt das Verfahren gegen den Düsseldorfer Industriellen Eduard Schulte (1891-1966). Schulte, der ein kriegswichtiges Unternehmen bei Auschwitz leitete, nutzte seine Kontakte in die Schweiz, um die Alliierten über die beginnende industrielle Ermordung der Juden im KZ Auschwitz-Birkenau zu informieren. Er war der Erste, der als deutscher Funktionsträger konkrete Angaben über das System des fabrikmäßigen Massenmordes an die Alliierten lieferte. 1943 musste er vor der Gestapo in die Schweiz fliehen. 1988 wurde er posthum in der Gedenkstätte Yad Vashem als „Gerechter unter den Völkern“ geehrt. Als er nach dem Kriege zurückkehrte, stufte ihn der Entnazifizierungsausschuss 1946 trotz seiner Handlungen und der Verfolgung durch die Gestapo als Kategorie II („belastet“) ein. Die überraschende Einstufung mag sicherlich auch dem frühen Zeitpunkt des Verfahrens geschuldet sein. Seine Eigenschaft als ernannter „Wehrwirtschaftsführer“ war für den Ausschuss entscheidend, während zwei Jahre später im Rundschreiben Nr. 21 des Sonderbeauftragten für die Entnazifizierung vom 8. Juli 1948 die Einstufung in V („unbelastet“) anzuwenden ist, „wenn aktiver Widerstand in Wort und Tat vorliegt und der Betroffene dadurch Nachteile in finanzieller, beruflicher und körperlicher Hinsicht erlitten hat.“ 1946 verließ Schulte Deutschland für immer.

1952 wurde die Entnazifizierung offiziell als abgeschlossen erklärt.

Als Stadthaus wurde der Gebäudekomplex zwischen Mühlen- und Andreasstraße nun zum Sitz mehrerer städtischer Verwaltungsstellen. Da das Ensemble im Vergleich zu anderen städtischen Verwaltungsgebäuden relativ gering beschädigt war, zogen hier unmittelbar nach der Befreiung eine Reihe von bisher in der Stadt verteilten Dienststellen ein. Eine der ersten Einrichtungen war der Autohof, der im April 1945 jedoch lediglich über drei PKW verfügte. Da der Bestand an Autos sich schnell erholte, im März 1946 waren es bereits 24 PKW, zog der Autohof zum 1. November 1946 zum Hauptfuhrhof. Dafür zog in jenem Jahr die Flughafenverwaltung ein. Da der Düsseldorfer Flughafen von den Briten beschlagnahmt worden war, beschränkte sich die Aufgabe der deutschen Seite lediglich auf die Verwaltung einiger Gebäude und Einrichtungen, die die Briten nicht für den unmittelbaren Betrieb benötigten. Mit der Rückübertragung des Flughafen in deutsche Hände 1950 kehrte auch die Flughafenverwaltung wieder zu ihren Sitz nach Lohausen zurück. Neben anderen Ämtern, wie zum Beispiel das Kulturamt, wurde 1963 auch die zentrale Fernschreibstelle hier eingerichtet.

59

Eine der ersten britischen Maßnahmen richtete sich auf den Umbau der kommunalen Verwaltung. Sie war bis auf Strukturen auf Provinzebene die einzige öffentliche Struktur, die noch arbeitsfähig war. Hier setzten die Briten im Zuge der Demokratisierung der deutschen Gesellschaft an. Nach britischem Vorbild wurde zum 31. Januar 1946 eine kommunale Doppelspitze etabliert,

gewährleistet werden. Die Dramatik der ersten Nachkriegsjahre verdeutlichen statistische Zahlen, die Hensel für 1946/47 nennt. So konnte die Verwaltung im Winter 1946/47 für die 12.000 Anträge auf Winterkleidung nur 364 Wintermäntel zur Verfügung stellen. Die Versorgung mit Lebensmitteln war noch katastrophaler. Hungerdemonstrationen im Hofgarten und auf der Kö arteten teilweise in gewalttätige Auseinandersetzungen aus. Gleiches betraf die Belieferung mit Heizmaterialien. Besonders die Regelungen von direkten wie indirekten Folgen des Krieges und der NS-Diktatur stellten die städtischen Behörden vor erhebliche Probleme. Den Schwerpunkt seiner Arbeit sah Hensel im Bereich des Wohnungsbaus und der Stadtentwicklung. So fallen in seine Zeit auch die Planungen zur „Düsseldorfer Brückenfamilie", zum Tausendfüßler, zum Jan-Wellem-Platz und zur Anlage von Garath. Öffentliche Sitzungen, bei denen auch die Bevölkerung einbezogen wurde, fanden für diese Projekte im großen Sitzungssaal des Stadthauses statt.

Neben der reinen Funktion als Sitz städtischer Dienststellen, wurde das Stadthaus aber aufgrund seiner Lage und seines Charmes auch immer wieder anderweitig genutzt. So fand im März 1979 die 34. Tagung des Ausschusses Gebiets-, Bevölkerungs- und Gesundheitsstatistik im Verband Deutscher Städtestatistiker statt, die sich mit der anstehenden Volkszählung 1981 befasste. Einer der Tagungspunkte lautete: „Entwicklung der ausländerspezifischen Fruchtbarkeit". Darüber hinaus fanden 1980 das Filmfest sowie zeitweilig auch das seit 2001 jährlich stattfindende Frankreichfest im großen Innenhof des Stadthauses statt.

bei der ein ehrenamtlicher Oberbürgermeister den Rat und ein besoldeter Oberstadtdirektor die Verwaltung führten. Erst 1994 schaffte das Land dieses Konstrukt ab und stärkte den nun direkt gewählten, hauptamtlichen Oberbürgermeister, der sowohl dem Rat als auch der Verwaltung vorsteht. Von Mitte 1948 bis Dezember 1960 spielte das Stadthaus als Sitz des Oberstadtdirektors eine wichtige Rolle innerhalb der Verwaltung. Während dieser Zeit hatte durchgängig Dr. Walther Hensel dieses Amt inne. Seine grundlegende Aufgabe bestand darin, die Verwaltung aus dem direkten Wiederaufbau in eine moderne funktionierende Verwaltung zu leiten. In seinen Erinnerungen betonte Hensel vor allem die Leistung seiner Verwaltung in der unmittelbaren Nachkriegszeit, als sie unter erheblichen Erschwernissen eine funktionierende Verwaltung aufbauen und erhalten mussten. Zunächst musste die Versorgung der Bevölkerung mit den notwendigsten Dingen des täglichen Überlebens

60 Büro im Stadthaus, um 1955.

61 Der Durchgang von zweiten Innenhof zur Andreasstraße.

62 Eingang zum Gesundheitsamt, Andreasstr. 3.

61

62

Walther Hensel *(1899-1986)*

Seit 1927 war der in Mannheim geborene Hensel in Düsseldorf tätig, zunächst für den Kreis später für die Stadt Düsseldorf. Er gehörte zu einer konservativ-oppositionellen Gruppe, zu der auch der spätere nordrhein-westfälische Ministerpräsident Karl Arnold zählte. Als Teil der Verwaltung trat er pro forma der NSDAP bei, wurde jedoch 1937 von der Gestapo verhaftet, inhaftiert und einem Strafbataillon zugeteilt. Nach Kriegsende beteiligte er sich in verschiedenen Funktionen am Wiederaufbau. So gehörte er zu den Begründern der CDU und war von 1946 bis 1964 als Oberstadtdirektor tätig. Schwerpunkte seiner Arbeiten waren die Wiedererrichtung von Wohn- und Schulraum, der Ausbau der Medizinischen Akademie, dessen Ehrendoktorwürde er trug, zur Volluniversität sowie die Förderung des Flughafens. ○

63 *Blick in den historischen Luftschutzkeller, heute Teil der Mahn- und Gedenkstätte.*

64

Ein Ort der Erinnerung: Die Mahn- und Gedenkstätte

Der aufsehenerregende Majdanek-Prozess vor dem Landgericht an der Mühlenstraße 1975 bis 1981, ein Wiedererstarken rechtsextremer Tendenzen und ein Brandanschlag auf eine Synagogenruine im Stadtteil Gerresheim durch zwei Jugendliche brachten Anfang der 1980er Jahre auch die Erinnerung an den Nationalsozialismus und seine Opfer wieder auf die politische Tagesordnung in Düsseldorf. Der Jugendring, aber auch Gewerkschaften, die Kirchen, die Jüdische Gemeinde, die Vereinigung der Verfolgten des Naziregimes (VVN) sowie der 1982 gegründete Landesverband Deutscher Sinti und Roma NRW waren es, die nun eine Gedenkstätte einforderten, die allen Opfern der NS-Herrschaft gewidmet sein sollte.

1984 veröffentlichten junge Bürgerinnen und Bürger eine Broschüre, mit der sie dokumentieren wollten, dass „der Wunsch nach einer zentralen Gedenkstätte in unserer Stadt nicht aufgegeben wird." Das Heft trug den Untertitel „Eine Dokumentation von Versäumnissen" und schilderte auch die Unsicherheiten, mit denen der etablierte Parteienbetrieb auf diesen Wunsch junger Leute reagierte. „Wir wünschen uns vom Rat der Stadt Düsseldorf und von der Verwaltung, daß unsere Vorschläge sowohl in Bezug auf das Gebäude, als auch die umfassenden Maßnahmen sorgfältig geprüft und in absehbarer Zeit in die Tat umgesetzt werden." Es waren letztlich Oberbürgermeister Klaus Bungert (SPD) (1926–2006) und Kulturdezernent Bernd Dieckmann (CDU), die dafür sorgten, dass Rat und Verwaltung nun den Willen der Jugend- und Opferverbände in ihre Beratungen mit einfließen ließen. Lange debattierte man über den richtigen Ort: Die kleine Landsynagoge in Gerresheim kam ebenso in Betracht wie die alte Reuterkaserne in der Nähe der Kunstakademie. Hierhin hatten SS und Gestapo Menschen willkürlich verschleppt und misshandelt. Doch 1984/1985 kristallisierte sich der wohl passendste Ort für eine städtische Gedenkstätte heraus: das alte Stadthaus an der Mühlenstraße. Als Ort, an dem sich die Lebenswege von Tätern wie von Opfern gleichermaßen gekreuzt hatten, erschien das Verwaltungsgebäude ideal, um hier der Verfolgten des Regimes zu gedenken. Bereits am 1. April 1985 hatte die Landeshauptstadt Düsseldorf das Stadthaus unter Denkmalschutz gestellt. Der Historiker Bernd-A. Rusinek und mit ihm die Wissenschaftliche Mitarbeiterin des Landeskundlers Professor Peter Hüttenberger (1938–1992), Kerstin Griese, wurden damit beauftragt, ein Konzept für eine Dauerausstellung zu erstellen. Am 17. Juli 1986 stimmten alle Ratsfraktionen für die Einrichtung einer „Mahn- und Gedenkstätte für die Opfer der nationalsozialistischen Gewaltherrschaft in Düsseldorf" als ein städtisches Kulturinstitut.

65

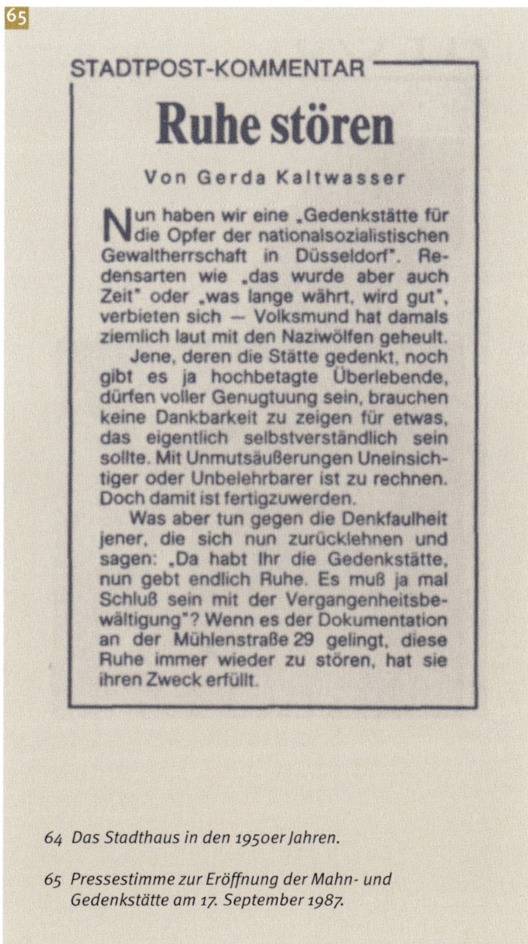

STADTPOST-KOMMENTAR

Ruhe stören

Von Gerda Kaltwasser

Nun haben wir eine „Gedenkstätte für die Opfer der nationalsozialistischen Gewaltherrschaft in Düsseldorf". Redensarten wie „das wurde aber auch Zeit" oder „was lange währt, wird gut", verbieten sich — Volksmund hat damals ziemlich laut mit den Naziwölfen geheult.

Jene, deren die Stätte gedenkt, noch gibt es ja hochbetagte Überlebende, dürfen voller Genugtuung sein, brauchen keine Dankbarkeit zu zeigen für etwas, das eigentlich selbstverständlich sein sollte. Mit Unmutsäußerungen Uneinsichtiger oder Unbelehrbarer ist zu rechnen. Doch damit ist fertigzuwerden.

Was aber tun gegen die Denkfaulheit jener, die sich nun zurücklehnen und sagen: „Da habt Ihr die Gedenkstätte, nun gebt endlich Ruhe. Es muß ja mal Schluß sein mit der Vergangenheitsbewältigung"? Wenn es der Dokumentation an der Mühlenstraße 29 gelingt, diese Ruhe immer wieder zu stören, hat sie ihren Zweck erfüllt.

64 Das Stadthaus in den 1950er Jahren.

65 Pressestimme zur Eröffnung der Mahn- und Gedenkstätte am 17. September 1987.

Im Hof (rechts) und Erdgeschoß des Stadthauses haben die Arbeiten für die Einrichtung einer Mahn- und Gedenkstätte an den Widerstand gegen den Nationalsozialismus begonnen.
RP-Bilder: Frank Pierlings

Arbeitsbeginn für die Gedenkstätte

Im Keller und im Erdgeschoß des Stadthauses an der Mühlenstraße haben die Arbeiten an den Räumen begonnen, in denen auf Wunsch
dringe
te erric
Widers
erinner

und bis in die Mitte der dreißiger hinein das Polizeipräsidium untergebracht, hier war auch der sogenannte „Verwah
bekannter Verl
unterge
r Mach
che Düs

Mahnstätte hatte errichtet

Mahn- und Gedenkstätte

Es bleibt beim Ratsbeschluß

Von Gerda Kaltwasser

Die Verwirrung um die Errichtung einer Mahn- udn Gedenkstätte für die Opfer des Widerstands gegen die Nationalsozialisten in Düsseldorf im Stadthaus an der Mühlenstraße ist nun hoffentlich endgültig beseitigt. Nach Auskunft von Kulturdezernent Bernd Dieckmann wird es bei dem Ratsbeschluß bleiben, in dem künftigen dritten Bauabschnitt des Stadtmuseums einen Raum für das Gedenken an die Künstler des Widerstandes vorzusehen. Die Erweiterung des Museums ermögliche eine Neuordnung der Dauerausstellung im ganzen Haus und werde, so Dieckmann, auch dieser Sammlung eine großzügigere Präsentation ermöglichen.

Die Verwirrung ...
der
(St
hal
im
Sta
Dok
I
Räu
neue
der S
richt
Poliz
auch

Heute: Mahn- und Gedenkstätte für Opfer des NS-Regimes

Forum der Auseinandersetzun[g] mit schrecklicher Vergangenh[eit]

An authentischem Platz im Stadthaus / Vor allem Schulen erwa[rtet]

Von unserem Redaktionsmitglied Alfons Houben

Ebenso sorgfältig wie schonungslos sind im Stadthaus an der Mühlenstraße 29 die schrecklichsten Jahrzehnte Düsseldorfer Vergangenheit aufgearbeitet. Heute um 17 Uhr wird in einer Feier in der nahegelegenen Landesgalerie die Mahn- und Gedenkstät[te eröff]net, die an die NS-Zeit, an Widerst[and und] Verfolgung während Hitlers Gewalth[errschaft] erinnert und den Rückblick mit eindr[ucksvoller] Mahnung verbindet.

„Die haben wahllos auf mir rumgeschlagen", „Ich bin der einzige in meiner Familie, der durchgekommen ist" – in begleitenden Filmen kommen zu
...mit Akribie vor allem aus
...ammengetrage-
...arischen Mate-
...nde Zeitzeugen
...ter dem NS-Re-
...res erlitten. Die
...e in die Schrek-
...kblenden, füllen
...nsterniert oder
...eht man vor den
Vitrinen, an und
...s und Texte, Zei-
...itte, Flugblätter
Dokumente bele-
gen, daß Düsseldorf von schlimmsten NS-Verirrungen nicht ausgespart blieb. Die Verfolgung politisch Andersdenkender, die unsäglichen Leiden der Juden, der Sinti und Roma, die Ermordung auch vieler Geisteskranker, die Transporte in die Konzentrationslager, deren es sechs ebenfalls in dieser Stadt gab – unerbittlich zieht die Vergangenheit vorüber. Die unterschiedliche Haltung der Kirchen, dem „Führer" auf der Kö zujubelnde Massen – mit solchen Fotos sind teils die Fenster der Räume verhängt –, eine mit Akten gefüllte
Säule als Sinnbild de...
gleichermaßen peni...
tionierenden wie g...
Bürokratie – nichts ...
sequenterweise in di...
wendigen „Museu...
schwiegen.

Sinnfällig ist der ...
wählt: Hier, an de...
straße, war ehema...
zeipräsidium unt...
wo Opfer des NS-R...
gesperrt und gefol...
Um das inhaltlic...
der Ausstellung, ...
Wechselschauen ...
den soll, machte ...
rat verdient, der ...
tretern aller Ra...
des Jugendrings ...
diger Organisati...
mensetzt. Die his...
stellung mit Präs...
und Vorführrau...
und Einführung ...
geschoß greift, ...
meter umfassen...
schoß noch aufs...
über, wo der ...
Kriegsgeschehe...
tischem Kriegs...
nal nacherlebt, ...
dorfer auf ih...
Bomben einge...

Die Mahn- ...
te, eine Stätte ...
wendet sich a...
allem aber an...
hier insbeso...
sen. In diese...
Auseinanders...
Schrecken ...
dachten Räu...
Lücken im ...
zeugend sch...

[Ge]schichte lernen: Kulturdezernent Bernd Dieckmann [u]nd Bernd-A. Rusinek, der das historisch-wissenschaft[liche Ko]nzept der Gedenkstätte erarbeitete.
Foto: Bernd Nanninga

Gedenkstätte im Stadthaus wird eröffnet

Vergangenheit zum Greifen nah

„Denken wirkt länger als Gefühle"

Von unserem Redaktionsmitglied Gerda Kaltwasser

Heute um 17 Uhr wird im Vortragssaal der Kunstsammlung Nordrhein-Westfalen die Gedenkstätte für die Opfer des Nationalsozialismus im Stadthaus an der Mühlenstraße eröffnet. Die Räume dort sind für eine größere Schar Festgäste nicht geeignet. Ein Rundgang schließt sich an das Eröffnungsprogramm an. Das Stadthaus Mühlenstraße war zur Zeit der Machtergreifung durch die Nazis provisorischer Sitz des Polizeiführung, hier wurden zahlreiche Regimegegner inhaftiert.

Bei der Vorbesichtigung gestern nahm Kulturdezernent Bernd Dieckmann die nahel...ende Frage „warum erst jetzt, nach üb... 0 Jahren" eine solche Gedenkstätte eröffnet werde, vorweg. Tatsächlich war das Thema des Widerstandes und seiner Opfer nach den Jahren, in denen die Nöte des Tages überwunden werden mußten, in Vergessenheit geraten. Stimmen der älteren, der betroffenen Generation wurden oft als lästig zurückgewiesen. Dann aber verlangte eine junge Generation Besinnung auf das, was viele so leicht hatten vergessen können. Ereignisse wie der Majdanek-Prozeß 1975 ließen Fragen wachwerden.

Seitdem wurden in Düsseldorf an verschiedenen Stellen Gedenktafeln angebracht, wurden die Reste des alten 39er-Ehrenmals an der Tonhalle aufgestellt, wurden Kontakte zu Düsseldorfer Juden in aller Welt aufgenommen. Der Gedanke einer Gedenkstätte, die zum Nachdenken anregen soll, wurde vor allem vom Jugendring Düsseldorf immer wieder vorangetrieben. Schließlich wurde durch Ratsbeschluß ein wissenschaftlicher Beirat für die Gedenkstätte gebildet, aus dem wiederum ein Arbeitskreis hervorging, der das jetzt verwirklichte Konzept schuf, Leitung Bernd-A. Rusinek M. A. Für die sozialwissenschaftliche Beratung zeichnet Dr. Ulrich Müller von der Rheinischen Landesklinik Grafenberg.

„Denken wirkt länger als Gefühle" sagte Dr. Müller gestern im Gespräch und hatte ... Leitsatz für den Aufbau der

67

66 *Pressestimmen zur Eröffnung der Mahn- und Gedenkstätte, 1986/87.*

67 *Allen NS-Opfern gewidmet: Tafel am Eingangsbereich der Mahn- und Gedenkstätte.*

68 *Blick in die Ausstellung von 1987 bis 2011.*

Das Haus und Rusineks Ausstellung „Verfolgung und Widerstand in Düsseldorf 1933 bis 1945" wurden schließlich am 17. September 1987 eröffnet. In der Westdeutschen Zeitung war an diesem Tag zu lesen: *„Ebenso sorgfältig wie schonungslos sind im Stadthaus an der Mühlenstraße 29 die schrecklichsten Jahrzehnte Düsseldorfer Vergangenheit aufgearbeitet. Heute um 17 Uhr wird in einer Feier* [...] *die Mahn- und Gedenkstätte eröffnet, die an die NS-Zeit, an Widerstand und Verfolgung während Hitlers Gewaltherrschaft erinnert und den Rückblick mit eindringlicher Mahnung verbindet* [...]. *Die Mahn- und Gedenkstätte, eine Stätte der Besinnung, wendet sich an jedermann, vor allem aber an die Jugend und hier insbesondere Schulklassen. In diesem als Forum der Auseinandersetzung mit den Schrecken der NS-Zeit gedachten Räumen lassen sich Lücken im Unterricht überzeugend schließen."*

Eröffnet wurde das Haus also als „arbeitende Gedenkstätte" unter der klaren Prämisse, dass an diesem außerschulischen Lernort zukünftig auch Sonderausstellungen gezeigt, Veranstaltungen und Bildungsprogramme durchgeführt sowie Forschungsleistungen erbracht werden sollten. Hierfür war die erste Direktorin, die Historikerin und Pädagogin Angela Genger, die ideale Besetzung; seit 1980 hatte sie die Gedenkstätte Alte Synagoge in Essen geleitet. Angela Genger trat ihren Dienst am 1. Januar 1988 in Düsseldorf an. Unzählige Projekte und Initiativen zur Gedenk- und Erinnerungskultur in der Stadt wurden von ihr angestoßen.

68

69 *Blick in die alten Ausstellungsräume und den Innenhof.*

70

71

72

Sie widmete sich zudem der Erforschung und Vermittlung von Lebensgeschichten verschiedener Verfolgter: Zeitzeugen, die rund 50 Jahre zuvor als Düsseldorfer Juden, als Kommunisten, Sozialdemokraten oder Gewerkschafter, als Sinti oder als Homosexuelle ausgegrenzt worden waren. Mit unzähligen biografischen Interviews, die sie auf der ganzen Welt mit ehemaligen Düsseldorfern führte, begründete sie ein Alleinstellungsmerkmal in der nordrhein-westfälischen Gedenkstätten-Landschaft. Daneben entstanden Forschungsprojekte und Veröffentlichungen zu verschiedenen Aspekten, zahlreiche Lesungen, Vorträge oder Sonderausstellungen konnten im Gebäude durchgeführt werden. Ein besonderer Schwerpunkt bildete jedoch von Anfang an die Arbeit mit Kindern und Jugendlichen, wobei die Mahn- und Gedenkstätte als außerschulischer Lern- und Erinnerungsort verstanden wurde, als lebendiger Raum für Begegnungen – und nicht als ein schweigsames oder passives Haus. Es waren der politisch Verfolgte Hermann Laupsien sowie andere Zeitzeugen und engagierte Bürgerinnen und Bürger, die am 27. Januar 1998 – am Jahrestag der Auschwitz-Befreiung – den Förderkreis der Gedenkstätte als Verein begründeten, um das Institut nachhaltig zu unterstützen und einen breiten gesellschaftlichen Rückhalt zu dokumentieren. Zahlreiche große Projekte, Ausstellungen oder Buchveröffentlichungen hätten ohne das Engagement des Vereins und vieler Spender nicht realisiert werden können.

73

74

75

76

69–76 *Einblicke aus der Praxis der Gedenkstättenarbeit: Ferienprogramme, Präsentationen von Schulprojekten und Ausstellungen, sowie der Blick in den Eingangsbereich bis 2011.*

Ausstellungen mit Arbeiten beispielsweise von Kurt Halbritter, Minka Hauschild, Shmuel Shapiro, Ladislaus Szücs, Erika Bopp oder John Elsas wurden gezeigt. Ebenso wurden zentrale Forschungsprojekte durchgeführt und deren Ergebnisse in Ausstellungen oder Publikationen vermittelt: So etwa eine Ausstellung zur Verfolgung von Angehörigen der Düsseldorfer Arbeiterbewegung (1988); Projekte zur Verfolgung von Sinti und Roma (1992); Publikationen zum Kriegsende 1945 in Düsseldorf (1995); die Erarbeitung von verschiedenen Aspekten jüdischen Lebens (1997); die umfassende Erforschung der Verfolgung Homosexueller und eine hierzu entwickelte Sonderausstellung (1997); Forschungen zu den Medizinverbrechen und Krankenmorden (2001); ein jährliches Besuchsprogramm für ehemalige Zwangsarbeiter (2001-2010); Veröffentlichungen zu der Verfolgung von Zeugen Jehovas (2003); ein Forschungsprojekt zum Novemberpogrom 1938 in Düsseldorf (2008) sowie ein umfassendes und langjähriges Forschungsprojekt zur ersten Deportation jüdischer Menschen aus dem Rheinland in das Ghetto von Lodz/Litzmannstadt (2003-2010), das mit mehreren Symposien, einer Publikation und einer landesweiten Wanderausstellung 2011 abgeschlossen wurde.

Hermann Laupsien *(1910-2007)*

Sein Glück suchte das zwölfte Kind einer ostpreussischen Landarbeiterfamilie in Düsseldorf, wo er schnell Zugang zum kommunistischen Milieu fand. Als begeisterter Sportler und Redakteur der kommunistischen Zeitung „Westdeutscher Arbeitersport" sammelte er politische wie auch journalistische Erfahrung. Mehrmals von den Nationalsozialisten als aktiver Kommunist im Widerstand verhaftet, war er zusammen mit Wolfgang Langhoff im KZ Börgermoor, und erlebte das Kriegsende als Kriegsgefangener, nachdem ihn die Nationalsozialisten in eine Strafeinheit geschickt hatten. Nach 1945 beteiligte er sich am Aufbau der Vereinigung der Verfolgten des Nazi-Regimes (VVN). 1950 trat er wegen der stalinistischen Verbrechen aus der KPD aus. Dem Redakteur des Handelsblattes und Vorsitzenden der Technisch-Literarischen Gesellschaft war die Aufarbeitung der nationalsozialistischen Diktatur ein Anliegen. Daher setzte er sich maßgeblich für die Gründung der Mahn- und Gedenkstätte ein. 1998 wurde er zum ersten Vorsitzenden des neu gegründeten Förderkreises der Mahn- und Gedenkstätte gewählt. In zahlreichen Interviews und Zeitzeugengesprächen mit Schülern vermittelte er seine Erlebnisse an spätere Generationen. ○

77

78

77 Blick in das alte Treppenhaus Andreasstraße mit Verbindung zum Hof der Gedenkstätte, 2010.

78 historischer Luftschutzraum im Keller der Gedenkstätte.

Begegnungen mit Teofila und Marcel Reich-Ranicki, Lesungen mit den Schauspielern Bernt Hahn oder Andrea Sawatzki sowie ein Vortrag des bekannten Historikers Hans Mommsen gehörten dabei zu denjenigen Veranstaltungen, die wohl am meisten öffentlich wahrgenommen wurden. Die ungezählten Besuche ehemaliger Düsseldorfer mit ihren Familien oder der stete Austausch mit Zeitzeuginnen und Zeitzeugen prägten das Profil des Instituts jedoch ungleich stärker. Zwischen 20.000 und 30.000 Besucherinnen und Besucher aus Düsseldorf, der Region und der ganzen Welt – darunter zahlreiche Schulklassen und Jugendgruppen – wurden jährlich gezählt. Die zentrale Lage inmitten der Altstadt kommt dem Institut hierbei zugute. Der geplante Umbau der Gedenkstätte nahm mit dem Verkauf des gesamten Stadthauses an die Münchner Hotelgruppe DERAG erstmalig konkretere Züge an: Während das Haus zu einem hochklassigen Hotel umgebaut würde, wollte man die Chance nutzen, auch die Gedenkstätte baulich zu modernisieren und mit einer neuen Dauerausstellung zukunftsfähig zu machen. Am 1. Februar 2011 wurden die musealen Räume geschlossen, die Dauerausstellung demontiert. Dies geschah mit der Absicht, eine neue Ausstellung unter dem Titel „Düsseldorfer Kinder und Jugendliche im Nationalsozialismus“ zu erarbeiten und die Räume um einen Anbau im westlichen Innenhof zu erweitern. Diese Bauarbeiten setzten am 1. November 2013 ein und sollen im Frühjahr 2015 abgeschlossen sein.

79 Die Fassade des zukünftigen Hotels während der Bauphase, 2014.

79

Der Umbau zum Derag Livinghotel De Medici

Bis 2009 waren im Stadthaus noch verschiedene städtische Dienststellen untergebracht, die – abgesehen von der Mahn- und Gedenkstätte – aus dem Gebäude auszogen. Am 1. Oktober 2009 wurde das Stadthaus von der Landeshauptstadt an die Münchner Firma Derag verkauft.

Die Derag, die große und hochklassige Hotels in Wien, Berlin, München und Nürnberg, Frankfurt, Hamburg, Bonn, Weimar und Düsseldorf unterhält, kaufte das Stadthaus mit dem erklärten Ziel, es ebenfalls zu einem Hotel im Herzen der Düsseldorfer Altstadt umzubauen. Diese Umbauarbeiten begannen zum Jahreswechsel 2009/2010, wobei stets großer Wert auf die Einhaltung des Denkmalschutzes und den Umgang mit der facettenreichen Hausgeschichte gelegt wurde. Das Hotel, benannt nach der zweiten Ehefrau des in Düsseldorf so populären Kurfürsten Johann Wilhelm II. („Jan Wellem"), Anna Maria Luisa de' Medici, wird 170 Hotelzimmer und Apartments der gehobenen Klasse auf insgesamt 10.250 Quadratmeter Nutzfläche umfassen. Während der mittlere Innenhof vollständig überdacht wurde, um ihn als Konferenzraum zu nutzen, dient der große, an die Andreaskirche angrenzende Hof einer großzügigen Einfahrt- und Eingangssituation, in der die zukünftigen Gäste das Gebäude betreten werden.

CAT
CAT
CAT
319D
Werner Otten

80

81

80 Der neue Innenhof mit dem zukünftigen Eingangsbereich des Hotels (rechts).

81 Blick in einen Gang mit restauriertem Gewölbe.

82–84 Der Umbau zum Hotel betont den barocken Charakter der Anlage; hier die große Eingangshalle sowie Treppenhaus und ein fertiges Zimmer.

83

84

Die Derag hat während der Bauarbeiten historische Elemente wieder hergestellt, zahlreiche Einbauten aus der Zeit des städtischen Verwaltungssitzes rückgebaut und letztlich die Hausgeschichte in vielen Details (Stuck, Tonnengewölbe, Kunstwerke, Treppenhäuser, Handläufe) wieder sichtbar gemacht. Sowohl auf die Zeit als Jesuitenkloster und die Barockepoche als auch auf die französische Periode und das 19. Jahrhundert wird mit Raumbenennungen, Ausschmückungen, Skulpturen und Gemälden Bezug genommen. Das zeigt sich beispielweise im ersten Innenhof, der wieder – wie damals in den Zeiten des Klosters – begrünt wird und mittig eine aufwändige Brunnenanlage erhält. Das Derag Livinghotel De Medici wird so zu einem Hort der Barockkunst und der klösterlichen Einkehr inmitten der lebhaften Düsseldorfer Altstadt. Sinnbildliches Zeichen dieses Geschichtsbewusstseins ist eine im Hotel ausgestellte Replik der Grabkrone der Anna Maria: Bei der Exhumierung ihres Grabes in der Basilika San Lorenzo in Florenz 2012 wurde der Leichnam mit einer Grabkrone gefunden, die von ihrem Aufbau her an einen Kurhut erinnert. Auf Grundlage eines dreidimensionalen Scans konnten der Düsseldorfer Goldschmied Georg Hornemann und Experten der Reiss-Engelhorn-Museen Mannheim die Replik herstellen. Die rekonstruierte Grabkrone war Prunkstück der erfolgreichen Mannheimer Ausstellung „Die Medici“ und wurde im September 2013 mit einem kleinen Umzug in die Düsseldorfer Andreaskirche überführt. Treibende Kraft hinter dem Projekt sind der Düsseldorfer Verein Anna Maria Luisa de Medici e.V. und die Derag Gruppe.

Währenddessen gingen 2013 und 2014 die Bauarbeiten – insbesondere im Inneren des Gebäudes – weiter. Der historische „Wappensaal“, in dem die Insignien der alten rheinischen Länder Jülich, Kleve und Berg angebracht sind, wurde zu einer rund 250 Quadratmeter großen „Fürstensuite“ mit eigenem Kamin umgebaut; die alten Treppenhäuser und Gewölbegänge erhielten neue Bodenbeläge und Stuckelemente. Aber auch die von Schinkel gestaltete Außenfassade an der Mühlenstraße wurde nach dem historischen Vorbild wieder hergestellt und ein alter Hauseingang wieder zugänglich gemacht. Hier wurde im Frühjahr 2014 über der Toreinfahrt ein großer Schriftzug „Derag Livinghotel De Medici“ angebracht, der die Passanten auf die künftige Nutzung hinweist.

Das Derag Livinghotel De Medici wird im Herbst 2014 eröffnen. Wenig später wird auch die Mahn- und Gedenkstätte ihre Türen wieder öffnen. Dort wird künftig in Form einer interaktiven Ausstellungseinheit die wechselvolle Geschichte des Düsseldorfer Stadthauses dargestellt. ●

Anna Maria Luisa de Medici *(1667-1743)*

Sie war das europäische, kunstsinnige Gesicht ihres Gatten und verhalf Düsseldorf zum Ruf einer europäischen Kunstmetropole: die in Florenz geborene zweite Ehefrau des Düsseldorfer Kurfürsten Johann Wilhelm II, genannt Jan Wellem. Die Hochzeit der als schön, intelligent und lebenslustig beschriebenen Tochter des Großherzogs der Toscana mit Johann Wilhelm fand im April 1691 mit einer prächtigen Zeremonie im Dom von Florenz statt – ohne Anwesenheit des Bräutigams. Beide lernten sich erst einige Wochen später in Innsbruck kennen, wo auch die Trauung in kleinem Rahmen wiederholt wurde. Obwohl für beide eine Heirat aus Staatsräson, sollen sie eine glückliche wenn auch kinderlose Ehe geführt haben. Sie teilten die Leidenschaft für Kunst, Jagd und höfischer Prachtentfaltung. Unter ihnen sollte das provinzielle Düsseldorf zwischenzeitlich den Ruf einer kunstreichen Residenzstadt entfalten. Gemeinsam bauten sie die berühmte Düsseldorfer Gemäldegalerie auf, holten bedeutende Künstler und Musiker an den Düsseldorfer Hof und gründeten eine Oper in der Stadt. Nach dem Tod ihres Mannes kehrte sie nach Florenz zurück, um dort die Geschickte der Toscana zu lenken. Sie verstarb als letzte Vertreterin des Hauses Medici, die für Jahrhunderte eine der führenden Familien Europas gewesen waren. ○

85

85–87 Der historische „Wappensaal" während des Umbaus zur Fürstensuite.

86

87

Literaturauswahl

Hingewiesen wird hier nur auf eine Auswahl der für diesen Band benutzten Literatur. Die Angaben der einzelnen Beiträge folgen der Chronologie der dargestellten Hausgeschichte vom einstigen Jesuitenkloster bis zur heutigen Gedenkstätte.

Paul Kauhausen: Das Stadthaus in der Mühlenstraße im Wandel der Zeiten, in: Mitteilungen für die Stadtverwaltung Düsseldorf 21, 18. Jg., S. 1-4

Ulrich Brzosa: Die Geschichte der katholischen Kirche in Düsseldorf, Köln/Weimar/Wien 2001

Wilfried Enderle: Die Jesuitenbibliothek im 17. Jahrhundert. Das Beispiel der Bibliothek des Düsseldorfer Kollegs 1619-1773, in: Archiv für die Geschichte des Buchwesens 41 (1991), S. 147-213

Gustav Kniffler: Das Jesuitengymnasium (Beilage zum Programm des Düsseldorfer Gymnasiums), Düsseldorf 1892

Nicola Peczynsky: Düsseldorf, St. Andreas, in: Rheinischer Verein für Denkmalpflege und Landschaftsschutz (Hg.): Klosterführer Rheinland. Klöster und Stifte im Rheinland. 2. überarb. Aufl. Köln 2004, S. 224-228

Edmund Spohr: Düsseldorf, Stadt und Festung. 2. überarb. Aufl., Düsseldorf 1979

Architekten- und Ingenieur-Verein zu Düsseldorf (Hg.): Düsseldorf und seine Bauten, Düsseldorf 1904

Jörg Heimeshoff: Denkmalgeschützte Häuser in Düsseldorf, Essen 2001

Heinrich Thoelen: Die vier letzten Jesuiten Düsseldorfs. Vier Lebensbilder; eine historische Skizze. Düsseldorf 1891

Gisbert Knopp: Die preußische Verwaltung des Regierungsbezirks Düsseldorf in den Jahren 1899-1919. Studien zur Geschichte Preußens 22, Köln, Berlin 1974

Dietmar Niemann: Die Revolution von 1848 in Düsseldorf. Geburtsstunde politischer Parteien und Bürgerinitiativen. Veröffentlichungen aus dem Stadtarchiv 3, Düsseldorf 1993

Carsten Dams/Klaus Dönecke/Thomas Köhler (Hg.): „Dienst am Volk"? Düsseldorfer Polizisten zwischen Demokratie und Diktatur (Forum Polizeigeschichte 1), Frankfurt am Main 2007

Joachim Lilla: Die staatliche Polizeiverwaltung in Düsseldorf 1926-1945, in: Düsseldorfer Jahrbuch 73 (2002), S. 217-294

Bastian Fleermann/Hildegard Jakobs/Frank Sparing: Die Geheime Staatspolizeileitstelle Düsseldorf 1933-1945. Geschichte einer nationalsozialistischen Sonderbehörde im Westen Deutschlands, Düsseldorf 2012

Frank Sparing: Das Stadthaus Mühlenstraße 29 in den Jahren 1933-1945: Ort bürokratischer Ein- und Übergriffe (Faltblatt), Düsseldorf 1999

Frank Sparing: Verwaltungspolizei und Verfolgung - Beispiele aus Düsseldorf, in: Dams/Dönecke/Köhler (Hg.); „Dienst am Volk"?, S. 175-202.

Frank Sparing: Das Wehrbezirkskommando und die Wehrmeldeämter 1 bis 4 in der Mühlenstraße 29, in: Engelbrecht/Looz-Corswarem (Hg.): Krieg und Frieden in Düsseldorf. Sichtbare Zeichen der Vergangenheit, Düsseldorf 2004, S. 311-324

Walther Hensel: 3 x Kommunalpolitik 1926 bis 1964. Ein Beitrag zur Zeitgeschichte. Köln, Berlin 1970

Wolfgang Krüger: Entnazifiziert! Zur Praxis der politischen Säuberung in Nordrhein-Westfalen. Wuppertal 1982

Angela Genger: Gedenkstättenarbeit am Beispiel der Mahn- und Gedenkstätte Düsseldorf, in: Mahn- und Gedenkstätte Düsseldorf (Hg.): Verfolgung und Widerstand in Düsseldorf 1933-1945. Katalog zur Ausstellung, Düsseldorf 1990, S. 178-193

Angela Genger: Mahn- und Gedenkstätte für die Opfer der Nationalsozialistischen Gewaltherrschaft in Düsseldorf, in: Geschichtsrundbrief. Neue Folge, Düsseldorf. 1990, Heft 2, S. 29-31

Angela Genger: Eine Mahn- und Gedenkstätte am Ort der Täter. Die Mahn- und Gedenkstätte Düsseldorf, in: Faulenbach/Jelich (Hg.): Reaktionäre Modernität und Völkermord. Probleme des Umgangs mit der NS-Zeit in Museen, Ausstellungen und Gedenkstätten, Essen 1994, S. 131-135

Angela Genger: Kleiner Ort mit vielen Initiativen. Zur Bildungsarbeit in der Mahn- und Gedenkstätte Düsseldorf, in: Bildung und Erziehung, 59. Jg., Heft 4/Dez. 2006, S. 367-379

Bernd-A. Rusinek: Zur Konzeption der ständigen Ausstellung, in: Mahn- und Gedenkstätte Düsseldorf (Hg.): Verfolgung und Widerstand in Düsseldorf 1933-1945. Katalog zur Ausstellung, Düsseldorf 1990

Bastian Fleermann/Frank Sparing: Geschichte und Profil der Mahn- und Gedenkstätte Düsseldorf: Vom Polizeipräsidium zum Erinnerungsort, in: Rhein-Maas. Studien zur Geschichte, Sprache und Kultur 1 (2010), S.207-218

Bastian Fleermann/Frank Sparing/Astrid Wolters: Vom Ort des Terrors zur Gedenkstätte. Zur Geschichte des Düsseldorfer Stadthauses, in: Gedenkstätten-Rundbrief 155, S. 18-25

Bisher sind in dieser Reihe erschienen:

Band 1:
Bastian Fleermann/Hildegard Jakobs/
Frank Sparing:

Die Gestapo Düsseldorf 1933-1945.
Geschichte einer nationalsozialistischen
Sonderbehörde im Westen Deutschlands

Droste-Verlag Düsseldorf 2012
ISBN 978-3-7700-1486-6
Preis: 5 EUR

Band 2:
Bastian Fleermann/Hildegard Jakobs:

Herrschaft der Gewalt.
Die nationalsozialistische Machtübernahme
1933 in Düsseldorf

Droste-Verlag Düsseldorf 2013
ISBN 978-3-7700-1493-4
Preis: 5 EUR

Band 3:
Barbara Suchy unter Mitarbeit von Ulrich Knufinke:

Synagogen in Düsseldorf
Von 1712 bis zur Gegenwart

Droste-Verlag Düsseldorf 2013
ISBN 978-3-7700-1512-2
Preis: 5 EUR

Impressum

**Das Düsseldorfer Stadthaus.
Jesuitenkloster, Polizeipräsidium, Gedenkstätte und Hotel De Medici an der Mühlenstraße**

Herausgegeben vom Förderkreis der Mahn- und Gedenkstätte Düsseldorf e.V. und den Derag Livinghotels

Autoren:
Bastian Fleermann, Peter Henkel, Frank Sparing

(= Kleine Schriften der Mahn- und Gedenkstätte Düsseldorf, Band 4, herausgegeben vom Förderkreis der Mahn- und Gedenkstätte Düsseldorf e.V. und den Derag Livinghotels)

Bibliografische Information der Deutschen Bibliothek
Die Deutsche Bibliothek verzeichnet diese Publikation in der Deutschen Nationalbibliografie; detaillierte bibliografische Daten sind im Internet über http://dnb.ddb.de abrufbar.

1. Auflage Düsseldorf 2014
Gestaltung: Büro Ullrich, Düsseldorf
Druck: B.O.S.S Medien GmbH, Goch
ISBN: 978-3-7700-1532-0
www.gedenk-dus.de
www.ns-gedenkstaetten.de/nrw/duesseldorf

Förderkreis
der Mahn- und
Gedenkstätte
Düsseldorf e.V.

Bildnachweis:
Die Abbildungen wurden freundlicherweise bereitgestellt durch:

Stadtarchiv Düsseldorf
Stadtmuseum Düsseldorf
Mahn- und Gedenkstätte Düsseldorf
Dominikaner-Konvent Düsseldorf
Universitäts- und Landesbibliothek Düsseldorf
Dr.-Ing. Edmund Spohr, Düsseldorf
LVR-Medienzentrum Rheinland
Heinrich-Heine Institut Düsseldorf
Geschichte am Jürgensplatz e.V./Sammlung Klaus Dönecke
Ullstein-Bilderdienst
Bundesarchiv Berlin
Derag Livinghotels, München